LES AILES
de
L'AMOUR

Johann Warren

LES AILES de L'AMOUR

Editions de Mortagne

Éditions
Les Éditions de Mortagne
250, boul. Industriel, bureau 100
Boucherville (Québec)
J4B 2X4

Diffusion
Tél.: (514) 641-2387
Téléc.: (514) 655-6092

Dépôt légal
Bibliothèque nationale du Canada
Bibliothèque nationale du Québec
4e trimestre 1991

ISBN: 2-89074-411-6

1 2 3 4 5 - 91 - 95 94 93 92

Imprimé au Canada

Père, aide-moi, manifeste-toi en tout ce que je fais. Je dois entrer dans le silence pour pouvoir t'entendre, ou m'entendre moi-même, je ne sais trop; mais je sais qu'en fixant mon attention sur une chose, elle prend forme dans mon esprit et viendra à se manifester extérieurement.
Elle est dans mon cœur; elle est l'essence christique en moi; elle est la vérité en moi; et je suis toi!...

Anton Ponce de Léon Paiva,
Sur la foi du patriarche

Je dédie ce livre à mon «Guide»,
cette Entité d'Amour!

Merci à tous ces GUIDES de l'INVISIBLE
et du VISIBLE!

Sans oublier toutes les personnes
qui m'appuient et qui forment
l'équipe de
GALACTÉUS-CANADA!

Table des Matières

PRÉFACE

En cette fin de cycle de Kali Yuga, au moment du passage de l'ère des Poissons à l'ère du Verseau, de profonds changements perturbent l'humanité et la planète Terre.

Un des aspects remarquables de ces transformations est la présence dans ce monde de personnes dites «contactées» qui ont le lourd privilège, voire la mission, d'être en contact avec d'autres réalités de l'univers que celles qui nous sont révélées par nos cinq sens.

Qu'est-ce qu'un «contacté»? C'est un être dont les caractéristiques spirituelle, mentale, psychique et physique mettent en résonance sa conscience avec d'autres dimensions de la réalité que celles dans laquelle nous croyons vivre au quotidien.

Un contacté est en communication avec des consciences siégeant dans ces autres dimensions. Il en est le «médium», au sens premier et noble (et non au sens vulgaire) selon un mode de télépathie verticale.

Johann WARREN est une des ces personnes contactées. Elle a choisi par ce livre de rendre publique une partie de ses expériences, ce que d'autres contactés ne font pas, par choix ou par vocation. Elle le fait pour créer un pont entre la dimension qui la contacte et notre monde quotidien afin que ceux et celles qui sont concernés par ce phénomène puissent y trouver un témoignage. Écrire un tel livre est un acte de courage, car l'auteur prend chaque fois le risque d'être incompris ou même rejeté par les ignorants ou les doctes, par ceux qui sont incapables de saisir la réalité de l'univers intérieur.

Lorsque l'on aborde cet univers des contactés, on est frappé par les différences existant dans leurs expériences particulières. Mais, dès que l'on approfondit les faits, on s'aperçoit des interrelations existant entre certains contactés apparemment très différents dans leur mode de contact. Puis, on découvre une hiérarchisation entre les dimensions et les consciences qui interviennent.

«Il existe des sujets fondamentaux dont très peu osent frôler les

contours tant ils sont à la frontière de la nature secrète et inconnue de la création.»

C'est ainsi que j'introduisais la notion de contact dans la préface écrite en 1982 pour un ouvrage unique par son originalité et sa richesse, d'I.J.-P. APPEL-GUÉRY, intitulé Voyage Intemporel.

C'est une bande dessinée qui décrit l'histoire d'un «contact» en mode interne et de niveau intemporel, au travers de ses correspondances et de ses implications sur plusieurs dimensions de conscience, y compris celles de langages venant d'autres plans. En ce sens, il constitue un témoignage fondamental.

I.J.-P. APPEL-GUÉRY a réalisé un important travail de classification interdimensionnelle des expériences des contactés dans le cadre du Symposium permanent des contactés GALACTÉUS auquel participe maintenant Johann WARREN.

C'est à ce titre qu'elle m'a demandé de préfacer son livre. Les contacts vécus par Johann sont de mode éternel et de niveau temporel. La spontanéité de l'auteur fait des Ailes de l'amour un ouvrage précieux par sa simplicité et par une certaine fraîcheur de ton. Précieux, car permettant d'entrer dans l'univers des contactés par son vécu émotionnel qui en est l'un des facteurs fondamentaux.

Cependant, le fait d'assumer sa situation de «contacté» met la personne concernée en face d'épreuves parfois très difficiles et l'engage à affronter des situations que son destin de base ne l'aurait pas conduit à rencontrer. Ce sont ces expériences que l'on lira ici avec profit et notamment ce combat sur soi-même mené par une femme qui, après avoir obtenu son brevet de pilote professionnel, a décroché l'autorisation de voler sur chasseur militaire.

Car un contacté est un être qui est mis à l'épreuve avant de recevoir la preuve que son contact n'est pas seulement le fruit de son imagination. Et c'est quand il a maîtrisé par sa volonté les parties de sa nature, qu'il est mis en présence des champs de force interdimensionnels qui concernent sa mission de Jonction Cosmique. Puis, c'est là qu'il rencontre les véritables joies transcendantes inhérentes à sa nature particulière d'être de Jonction.

Enfin, on ne peut tout révéler à ce sujet, car le «contact» est avant tout une initiation et l'on doit à cet égard en respecter le secret du sacré.

De tout ceci, il est témoigné dans cet ouvrage écrit par un être sincère, décidé à assumer et à faire savoir ce que le «ciel» a posé sur elle. Si, à la fin de votre lecture, vous vous posez la question de votre rôle sur Terre, alors ce livre aura rempli sa fonction.

Pour terminer, je souhaite que cet ouvrage soit une porte pour accéder à l'univers des contactés, et peut-être à l'Intra-Univers tel qu'il est présenté dans la Science Unitaire de l'Intra-Univers d'I.J.-P. APPEL-GUÉRY et dont il est question au dernier chapitre du présent ouvrage.

Jean-Sébastien MARRE

MOT DE L'AUTEUR

Dans le présent ouvrage, vous trouverez certains termes comme «entité», «âme», «vrai moi»... Il me paraît essentiel de vous donner ma propre définition de ces termes, car chacun peut «expliquer» le mot «entité», par exemple, de façon telle que la notion même d'«entité» se trouve totalement différente d'une personne à l'autre.

La définition que j'apporte à certains de ces termes rejoint à l'occasion celle de quelques auteurs cités dans la bibliographie du présent ouvrage, mais voici la mienne:

ENTITÉ : L'Entité est pour moi la somme globale de toutes les vies d'une personne, c'est-à-dire l'ensemble de son évolution dans un cycle de réincarnation avant son retour à l'UNITÉ.

ÂME : L'âme représente une partie de l'Entité liée particulièrement à l'une des vies; c'est en quelque sorte un intermédiaire entre l'Entité globale et la diversité des êtres humains qui la composent.

VRAI MOI : C'est la parcelle d'Entité qui se trouve à l'intérieur de l'âme et que l'on redécouvre au cours d'un travail spirituel.

Chapitre 1

Si j'écris le présent ouvrage, c'est que je veux partager avec vous non seulement ma quête spirituelle mais aussi certaines expériences étranges vécues à plusieurs périodes de ma vie.

Il est possible qu'il se soit passé des choses bizarres dans ma petite enfance. Cependant, le premier souvenir tangible que j'ai d'un phénomène considéré comme «anormal» se déroula dans le Maine lorsque j'avais seize ans.

J'étais en vacances avec mes parents et nous faisions du camping. Une de nos activités préférées était d'observer le ciel à l'aide de jumelles. Nous suivions, notamment, les déplacements du satellite *Yellow Bird* qui passait chaque nuit au-dessus de nos têtes.

Un soir, il arriva un fait étrange. Au moment où je cherchais tout naturellement le *Yellow Bird,* je repérai rapidement un point lumineux et commençai à l'observer. Soudain, alors que mon père et ma mère étaient de chaque côté de moi et que je scrutais le ciel, je me retrouvai sans savoir comment en arrière de deux immenses hublots rectangulaires qui ouvraient sur une salle de contrôle et, «**j'étais dans cette salle**».

Devant moi, sous les hublots à travers lesquels je pouvais voir le noir de l'espace, je voyais ce que je pris pour une console de commandes. En tournant légèrement la tête vers la droite, j'aperçus un mur complet d'ordinateurs.

À ce moment, j'eus l'impression que l'on m'interdisait d'en voir plus, et aussi soudainement je me trouvai de nouveau entre mes parents et derrière mes jumelles.

Apparemment, je n'avais pas quitté cet endroit, et ce n'est que beaucoup plus tard que j'émis l'hypothèse selon laquelle j'avais fait un dédoublement spontané (voir Annexe). Comment celui-ci s'était-il déclenché et pourquoi demeura pour moi un grand point d'interrogation.

Rien ne se produisit pendant des années, jusqu'à mes vingt ans où je vécus, là encore, un phénomène étonnant: sortant de mon travail dans le Vieux-Montréal, je revenais par l'autobus régulier qui devait m'amener à Boisbriand (nord de Montréal). Le soir tombait et le ciel s'assombrissait. J'étais installée sur le siège côté couloir et comme à l'habitude, j'aimais regarder à l'extérieur. C'est à ce moment que j'aperçus dans le ciel un petit point lumineux qui semblait suivre la trajectoire de l'autobus.

Tout d'abord je crus qu'il s'agissait du reflet d'une lumière à l'intérieur du véhicule. Par jeu, je m'amusai à l'observer. Il devint évident pour moi au bout d'un moment qu'il s'agissait d'un objet volant: avion ou hélicoptère?

Fonction de la distance à laquelle il se trouvait, je le voyais à peu près de la taille d'une orange. Ce qui me parut étonnant, c'est l'application avec laquelle il suivait la trajectoire exacte de l'autobus, virant dans les courbes ou ralentissant, accélérant.

Ces observations me portaient à croire qu'il s'agissait d'un reflet.

Mais lorsque l'autobus s'arrêta et que je vis cet objet lumineux continuer, s'arrêter puis rebrousser chemin, je dus me rendre à l'évidence qu'il s'agissait d'un objet autonome.

Je descendais à proximité de la rue de la Promenade non loin de la montée Sanche. L'autobus repartit et je regardai si cette boule lumineuse était toujours présente dans le ciel.

Je ne la voyais plus et je commençai à marcher sur la montée Sanche pour rentrer chez moi. À cette époque, la plupart des bâtiments qui se trouvaient à cet endroit étaient en construction. Trois seulement étaient habités. Il y avait encore beaucoup de champs et même une énorme grange non loin de là.

Je longeai pendant un instant un des immeubles habités; en atteignant le coin de ce dernier, je vis sur ma droite un énorme disque de lumière. Je sus instinctivement qu'il s'agissait de la petite boule de tout à l'heure. Je demeurai figée un instant, fascinée par ce que je voyais. Le disque, qui demeurait immobile, avait environ une dizaine de mètres de diamètre et était à une quinzaine de mètres du sol. Curieusement, je ne réagis pas; j'avais l'impression de me trouver en face non point d'un appareil mais d'un être. Je lui souris et continuai mon chemin. Lentement, il m'emboîta le pas jusque chez moi. À aucun moment, il ne me parut étrange de ne pas voir surgir toute la population des immeubles avoisinants, un peu comme si moi seule le voyais. Et pourtant, en arrivant chez moi, je frappai dans la vitre du salon et demandai à mes parents et à mon oncle, qui était en visite, de sortir. Eux aussi le virent ainsi que deux voisins qui arrivaient portant leur épicerie. Mais ces derniers eurent peur et regagnèrent leur appartement.

Le disque demeura environ vingt minutes en ne faisant rien d'autre qu'un changement de position. Puis, il s'éloigna lentement, passa au-dessus de la grange située derrière la maison de mes parents, et descendit en arrière de cette dernière. Je demandai à mon père de me prêter les clefs de sa voiture, car je craignais que ce disque ne soit en difficulté; il refusa et me demanda de rentrer avec eux à la maison.

Deux jours plus tard, dans *Le Petit Journal* paraissait un article sur une société qui s'occupait des phénomènes mystérieux, la **SRPM (Société de recherches des phénomènes mystérieux)**.

J'envoyai aussitôt un petit rapport écrit de ce qui venait de m'arriver à Jean C., directeur de cette société qui publiait la revue **AFFA** spécialisée dans le phénomène OVNI.

Une semaine plus tard environ, une équipe arriva chez moi au grand dam de mes parents. On me posa de multiples questions sur ce qui m'était arrivé. De fil en aiguille, je devins tout d'abord la collaboratrice de la revue, puis la directrice de la section montréalaise.

Durant cette période, je me passionnai pour le phénomène OVNI et avec l'équipe j'eus l'occasion d'enquêter sur de nombreux cas. Cette expérience me démontra que, personnellement, je n'étais pas folle. Plusieurs personnes avaient vécu des phénomènes très proches des miens.

Ce travail à la SRPM ainsi qu'à l'AFFA dura environ deux ans. Il s'acheva d'une façon déconcertante: cela commença par une lettre anonyme, puis l'intervention de certaines personnes qui nous demandèrent d'abandonner nos recherches, ce que Jean C. refusa. Si bien qu'étrangement, quelque temps plus tard, les uns après les autres, quatre des principaux enquêteurs et sous-directeurs de cette société, sans savoir pourquoi, nous quittâmes la SRPM qui mourut de sa belle mort.

Personnellement, j'oubliai pratiquement tout de cette époque et continuai une carrière dans le journalisme jusqu'à mon mariage. Je ne devais reprendre contact avec le phénomène OVNI que sporadiquement dans l'avenir. Pour le moment, j'allais découvrir un autre monde tout aussi fascinant.

Chapitre 2

Mon premier contact avec l'aviation fut terrible. J'étais allée avec mon mari, Robert Charette, à Sainte-Thérèse Aviation Inc. Il voulait vérifier certaines réparations du réseau routier. Quel moyen plus merveilleux que l'avion pour constater si les travaux prévus étaient terminés. Nous survolâmes donc la région. Le vol se passa bien quoique je fusse plus qu'heureuse de notre retour sur «le plancher des vaches».

Voler dans ce minuscule avion de quatre places était pour moi, à l'époque, renversant et terrifiant. Plus jamais je ne revolerais sur de telles machines, je me l'étais promis. Je préférais les avions de ligne: c'était plus rassurant!

Deux mois plus tard, seule pour les prochaines semaines, je retournai, sans vraiment savoir pourquoi, à l'aéroport de Sainte-Thérèse. Je pris des renseignements sur le cours menant à la licence de pilote privé. Je pensais par la même occasion me libérer des vertiges que je ressentais lorsque je montais à plus de deux étages du sol.

Cette même journée, je fis mon tout premier vol en tant qu'étudiante pour la licence de pilote privé. Ce vol fut marquant. Une fois dans les airs, je combattais ma peur de l'altitude et mes vertiges. Ma fierté et mon orgueil étaient mis à rude épreuve mais je voulais gagner, surmonter ces handicaps.

Sans m'en rendre compte alors, c'est une des batailles les plus essentielles de ma vie que j'entreprenais. À travers cette décision, c'était une porte intérieure que je venais d'ouvrir et de franchir. Je marchais un peu plus loin, à présent, à la rencontre de moi-même. Et ce fut le choc: je réalisai, dès mes premiers vols, que j'aimais être entre le ciel et la terre, et ce malgré les maux de ventre qui m'assaillirent pendant les neuf premières heures de cours, et qui, dès l'atterrissage, me faisaient toujours courir vers la salle de bain.

Voilà comment je fis mon premier pas en aviation. Cinq mois plus tard, mon instructeur me dit que j'étais prête pour l'examen en vol. Je n'en revenais pas. À partir de cet instant, je décidai de travailler à décrocher ma licence de pilote privé.

Une fois cette dernière réussie, je pris un plaisir fantastique à voler. Chaque minute en vol était savoureuse. Quel grand bonheur! Je découvrais un monde infini dont la mouvance des nuages traduisait la perpétuelle création.

Ce que j'aimais le plus était de survoler aux petites heures du matin (5 h 30 ou 6 h) la région de Sainte-Thérèse et de L'Assomption où certains de mes amis vivaient.

L'impression de veiller, tel un ange gardien, sur ces amis, qui à ce moment-là dormaient, me rendait heureuse, me transformait; j'avais l'impression d'être le prolongement d'un dieu de quiétude et de bonté.

Cela me ramena en mémoire ce que Maddly Bamy disait à propos de Brel: «*J'aime quand tu dors,* disait-il, *parce que je veille sur tes rêves, et moi quand je vais dormir, je te confie ma vie*[1].»

Seule en vol avec les goélands, le lever du soleil était une apothéose. Un cadeau intime livré par une nature somptueuse. J'étais en communion non seulement avec mes amis et la nature lors de ces vols matinaux mais avec mon VRAI MOI. Je faisais «**UN**» avec le Ciel, la Terre et l'Humanité! C'était l'extase!

Déjà je vibrais pour de tels moments; je les désirais si fortement que plus d'une fois par semaine, à la même heure, je décollais, seule, à bord de mon «coucou» deux places pour accueillir avec **Amour**, l'Astre du jour.

À chacun de ces vols, je me recueillais dès que les tous premiers rayons caressaient l'avion que je pilotais: ce moment unique, fortement énergétique m'unissait consciemment à l'**Être Suprême**, à l'**Énergie Cosmique** ainsi qu'à mon **Âme**!

Je précise ici que je n'ai jamais été dévote, la religion ne m'intéressait pas mais j'étais, et je suis toujours, amoureuse de la nature. C'est l'extrême communion avec elle qui me menait à ces quasi-extases.

Les semaines qui suivirent apportèrent la confirmation qu'une passion s'était déchaînée en moi:

---

1. Maddly Bamy. *Tu leur diras*, Seyssinet-Paris, Éditions du Grésivaudan, 1982.

l'aviation! Je décidai donc avec le meilleur de moi-même de devenir instructrice de vol. Je voulais communiquer cette passion aux futurs pilotes que je formerais, leur donner le maximum de mes connaissances dans ce domaine. Il me fallait donc être à la hauteur. Le jour vint où la voltige (acrobatie aérienne) et moi fîmes connaissance: ce fut le coup de foudre!

***

Le hasard n'existant pas, je rencontrai le colonel Marcel Charollais, as de la voltige aérienne au niveau mondial, lors de son passage à l'aéroport de Lachute (près de l'Ontario).

Malgré le temps que lui prenait, au Québec, la démonstration en vol de l'avion français *Le Robin* (avion de base acrobatique), il m'accorda un vol d'essai sur cet appareil. Voler avec ce maître de la voltige était un couronnement pour moi.

Nous étions le 30 juin 1977, veille de l'un de mes examens en vol.

Monsieur Charollais connaissait Jacqueline Auriol, mon héroïne dont j'avais dévoré la biographie: *Vivre et Voler*[1].

J'avais décidé de devenir pilote de voltige. Mais, au Québec, c'est difficile en raison des conditions atmosphériques. Il ne reste que cinq à six mois pour s'entraîner et donner des spectacles. Après ce premier vol acrobatique, le colonel me dit qu'il pourrait faire de moi une championne mondiale en voltige. Cependant, il me faudrait aller à son école de voltige de Cannes, sur la Côte d'Azur en France.

1. Auriol Jacqueline. *Vivre et Voler*, Paris, Flammarion, 1968.

Je me promis donc qu'un jour, j'irais acquérir cette formation que je désirais au plus profond de mon cœur. C'était un rêve et je savais que j'allais y arriver: quand? comment? Je ne pouvais répondre à ces questions mais j'allais réaliser ce rêve, j'en étais persuadée.

«Il ne t'est jamais donné un désir sans que te soit donné le pouvoir de le rendre réalité! Tu peux être obligé néanmoins de peiner pour cela![1]»

(Richard Bach)

Entre-temps, je continuai mon chemin afin de voler sur chasseur militaire. Cette idée m'avait traversé l'esprit à la lecture des exploits de madame Auriol.

J'écrivis au colonel de la base de Bagotville au Québec pour lui demander la permission de voler comme passagère à bord d'un chasseur militaire, et je reçus une première réponse: le colonel de la base ne pouvait m'accorder cette autorisation puisque j'étais civile et que j'étais une femme. Il m'apprit ainsi qu'aucune femme n'avait volé sur de tels appareils auparavant au Canada. Il ajouta qu'il me fallait la plus haute permission hiérarchique militaire du pays pour effectuer un tel vol.

J'écrivis donc au ministre de la Défense nationale de l'époque. La réponse me parvint plusieurs mois plus tard... Elle était négative.

Je me dirigeai vers le directeur de l'Aviation civile canadienne. Les mois passèrent et aucune réponse ne me parvint.

1. Bach Richard. *Illusions/Le Messie récalcitrant*, Paris, Éditions J'ai lu, 1978.

Le temps s'écoulait et j'étais devenue pilote professionnelle. Un jour, un ami m'avisa qu'il avait des contacts à Ottawa, avec un certain général. Je n'aimais pas les passe-droits. Je trouvais que c'était une façon injuste de réussir, mais cela faisait maintenant quatorze mois que je ne cessais de frapper aux portes du gouvernement canadien afin d'obtenir cette fameuse permission.

Malheureusement, les démarches de cet ami ne réussirent pas d'avantage; j'appris plus tard que ce dernier était contre la place de la femme dans l'aviation militaire sur de tels avions.

L'idée me vint alors d'écrire au Premier ministre du Canada de l'époque, le Très Honorable Pierre-Elliot Trudeau.

Je lui expliquai, en quelques pages, ma passion du vol et mon désir de voler sur chasseur. Et je lui dis ne pas comprendre pourquoi, partout où j'avais frappé, autant aux établissements gouvernementaux que publics, afin d'obtenir cette fameuse permission, on me répondait:

«Vous êtes une femme et aucune femme n'a volé sur de telles machines», ou encore... «Vous êtes trop petite physiquement, vous ne résisterez pas», ou «Jamais aucune femme n'a volé là-dessus et on ne voit pas pourquoi vous le feriez...»

J'expliquai au Premier ministre, dans ma lettre, que je n'acceptais pas ce genre de réponse dans un pays supposément évolué comme le Canada. Je ne comprenais point cette réticence à laisser les femmes voler sur chasseur...

Je demandai à monsieur Trudeau de me laisser passer les tests. Si je les échouais, je me retirerais, mais on n'avait pas à répondre à ma place et à décider sans m'avoir donné ma chance.

Trois semaines plus tard, je m'apprêtais à décoller pour Oshawa, via Ottawa, lorsque mon ami et instructeur Jean-Paul me dit à la radio de revenir à la base. Il fallait que ce soit quelque chose de sérieux pour que J.P. prenne la peine de me rappeler. Cet homme ne blaguait jamais à la radio. En débarquant de l'avion, J.P. m'annonce que la secrétaire du bureau du Premier ministre canadien est en ligne.

Je me revois courir de joie et prendre le récepteur en main, la voix remplie d'espoir.

La Défense nationale voulait me poser quelques questions concernant ma demande pour voler sur chasseur et je me devais de demeurer en place pendant toute la journée afin de leur permettre de me rejoindre.

Je promis à la secrétaire d'attendre cet appel qui me remplissait déjà de bonheur.

Quelques heures plus tard, le major Curry de la Défense nationale à Ottawa m'appela à l'aéroport et me dit: «Le Premier ministre, monsieur Trudeau lui-même, m'a remis votre lettre en me disant en substance: «...il faut que cette femme vole sur chasseur...» Et le major Curry de continuer: «Nous n'avons jamais procédé avec une dame, madame Warren-Charette, mais soyez assurée que vous volerez même si nous ne savons pas encore exactement comment nous allons procéder, mais vous volerez. L'ordre en a été donné.»

J'étais «folle de joie». Cela m'avait pris dix-huit mois pour décrocher cette fameuse permission qui m'était nécessaire pour pouvoir voler sur chasseur militaire.

C'est au cours de cette journée que se produisit dans ma vie un autre événement étonnant alors que je faisais un saut chez moi: en abordant la montée Saint-Louis (Sainte-Thérèse), je vis un point lumineux dans la zone de contrôle de Mirabel. J'arrêtai ma voiture sur le bord de la route et débarquai pour observer ce phénomène: le point lumineux s'avéra énorme, et d'après mon point d'observation, j'estimai son diamètre à 30 mètres. Soudainement, un petit disque en sortit, de même forme et de même couleur que ce dernier. Il resta à proximité du plus gros, et ils se mirent à se balancer à l'unisson.

L'altitude était d'environ 700 mètres. Le tout dura environ dix minutes. Je fis demi-tour immédiatement et retournai à la base. En arrivant, la personne à la réception me dit qu'elle avait effectivement reçu plusieurs appels concernant un certain objet non identifié se promenant dans la zone de Mirabel.

Je sautai dans un avion, un petit Cessna, et pris la direction de la tour de l'aéroport de Mirabel. Le contrôleur me dit n'avoir rien vu sur son radar pendant les dernières trente minutes et d'ailleurs aucun trafic aérien n'avait été signalé durant cette même période de temps. Je volai encore un moment au-dessus de l'aéroport cherchant désespérément les lumières aperçues plus tôt... mais plus rien. Déçue, je regagnai l'aérodrome de Sainte-Thérèse.

Heureusement, grâce à mon expérience à la SRPM, et maintenant en tant que pilote, je savais davantage différencier ces ovnis dans le ciel. Il y avait des centaines de cas similaires. Mais dans les grandes lignes, mon attention fut retenue par deux aspects particuliers:

1) Les observations habituelles font mention soit d'appareils matériels, soit de lumière.

2) L'état de perception mentale joue un rôle dans l'observation.

J'ai recueilli une réflexion d'un groupe nommé GALACTÉUS installé, à l'époque, en Polynésie française. Ce noyau de personnes se réunissait, dès 1970, autour d'une recherche spirituelle commune.

Ce n'est donc pas le phénomène OVNI qui est à l'origine de cette formation. Je vous livre donc le contenu de ce renseignement:

> «[...] *C'est lors d'un des nombreux messages spirituels reçus par des personnes télépathes de ce mini-groupe qu'est venue cette information:*
>
> *"TEL JOUR, À TELLE HEURE, VOUS VERREZ VENIR À VOUS UNE ÉTRANGE LUMIÈRE DANS LE CIEL, VENANT DU SUD."*
>
> »*L'information fut un peu oubliée, mais effectivement au jour et à l'heure dits, une dizaine de personnes assemblées virent... leur premier OVNI. Depuis, le groupe s'est agrandi mais cette connection reste.*
>
> »*Le phénomène OVNI n'est pas pour nous une histoire de série télévisée ni de petits bonshommes verts. Ce n'est pas non plus le moteur même de notre recherche. C'est une présence amie qui veille et surveille dans un taux vibratoire différent de celui dans lequel les hommes vivent habituellement. C'est une présence transcendante qui nous*

rappelle que l'homme n'est pas seul dans l'Univers et surtout qu'il n'est pas seulement un corps de chair mortel, mais qu'il est aussi une sorte de vaisseau d'énergie qu'il doit comprendre et apprendre à contrôler. Un corps qui a une correspondance et des résonances dans d'autres champs vibratoires, dans le passé, dans le présent comme dans le futur...

»Les vaisseaux condensés résonnent avec les corps condensés.

»Les vaisseaux de lumière résonnent avec les corps subtils.

»Les vaisseaux invisibles résonnent avec l'essence même de Dieu qui est vibration...

»Sachez discerner les différents niveaux vibratoires et vous saurez qui vous avez à contacter et qui vous contacte[1]*.»*

Les deux aspects particuliers dont je vous parlais précédemment et qui ont attiré mon attention expliqueraient peut-être le fait que des avions peuvent traverser des «lumières» et poursuivre leur chemin, comme ça s'est passé entre autres lors de la Seconde Guerre mondiale.

En 1945, à Okinawa, au Japon, les soldats américains stationnés à proximité de Nansi-Shoto furent maintes fois témoins d'un phénomène étonnant. Les radars signalaient l'approche d'appareils inconnus. L'alerte lancée, les avions décollaient mais ne voyaient rien. On donna à ces phénomènes le nom de «Fantômes de Nansi-Shoto». Visibles au radar, invisibles à l'œil. Des «fantômes» de ce type ont été détectés également à Washington en 1952 et en

1. Sergio Guéry Appel/Macedo. *Voyage Intemporel*, Paris, Éditions Aedena, 1987.

Afrique en 1953. Dans tous les cas, les radars fonctionnaient bien.

* * *

Et puis il y eut aussi l'histoire des «Foo-Fighters» (combattants fous) :

«Avant de partir en mission dans le Pacifique, les aviateurs alliés recevaient de bizarres consignes relatives à d'éventuelles "rencontres". Avec des appareils étranges, trop rapides pour être rejoints et que, malgré certains aspects fantastiques et mystérieux, ceux qui les rencontreraient n'auraient aucune raison de douter de leurs sens: ces appareils étaient bien réels!

»Des pilotes de la guerre 1939-1945 ayant effectivement rencontré en vol ces objets "ahurissants" les décrivirent comme des formes rondes et très brillantes.

»Cela éclaire le problème d'un jour nouveau; déjà, pendant la guerre, les états-majors savaient donc que les "Foo-Fighters" (forme particulière des soucoupes volantes) n'étaient pas une hallucination, puisque les aviateurs recevaient de l'information à leur sujet.

»Mais aujourd'hui, la mode a changé: soucoupes volantes et "disques de lumière" (ou "Foo-Fighter") sont ou "tabous" ou... sans intérêt[1]*.»*

Et ce qui m'intéressa au plus haut point fut ce que précisa Jimmy Guieu:

«Nous pensons, à la Commission Internationale d'Enquête Ouranos - et le major Donald Keyhoe

---

1. Guieu Jimmy. *Les soucoupes volantes viennent d'un autre monde,* Paris, Éditions Omnium Littéraire, 1972.

fut le premier aux USA à avancer cette hypothèse — que ces "disques" et "boules de lumière" sont des projections qu'utilisent les soucoupes volantes (plafonnant à haute altitude) et faisant office de télévision directe. Ces projections — sur la nature desquelles nous ignorons tout — sont en quelque sorte un dispositif immatériel de télévision permettant à un astronef hors de portée ou de vue d'observer tranquillement une scène ou un événement quelconque se déroulant au voisinage de la terre[1]*.»*

Ce qui est plus ou moins près de:

«Nous employons pour voyager dans le Cosmos la téléportation. Ces petits nuages que tu vois se former, c'est l'Esprit, l'Énergie dont nous-mêmes et nos vaisseaux sommes faits, tous les atomes qui se condensent afin de nous matérialiser dans votre Monde. Dès que nous avons réalisé la téléportation, nous mettons nos réacteurs en marche, ce qui crée cette longue traînée colorée que tu as observée[2]*.»*

La préparation du vol sur CF-101 me reprit tout entière. Il me fallut quatorze autres mois afin de compléter le côté légal, médical et l'entraînement avant que je ne puisse voler sur Voodoo (CF-101) à la base de Bagotville, au Québec, le 9 janvier 1979.

J'avais suivi un stage spécial de survie à haute altitude à la base militaire de Trenton en Ontario l'année précédente.

Monsieur Trudeau, toujours Premier ministre du Canada, tenait à ce que ce vol se fasse au Québec puisqu'il devenait une première nationale et que c'était une Québécoise qui le faisait.

---

1. *Ibid.*, p. 221
2. Mercier Paulette. *Et si c'était vrai!...*, Boucherville, Éditions de Mortagne, 1985.

Comment vous dire tout ce que j'ai vécu en quelques lignes.

Je me souviens qu'à mon premier décollage sur CF-101, avec 7 682 kg de poussée supplémentaire avec post-combustion, j'eus une pensée pour ce que pouvaient subir les astronautes.

Là-haut, à 10 000 mètres, au moment où je perçai le plafond de nuages, le soleil et la lune m'attendaient en communion dans ce ciel qui devenait de plus en plus foncé au fur et à mesure que nous prenions de l'altitude.

Et c'est là-haut que je me suis trouvée.

* * *

En atteignant les bords de l'atmosphère, je me suis sentie si près de Dieu que soudainement, tel un voile qui se déchire, une ouverture s'est faite en moi, permettant dorénavant l'entrée au soleil de l'Amour de Soi.

Oui, vous avez bien lu: je me suis aimée un peu plus chaque jour depuis ce temps.

Tout débute par l'**Amour de soi**: ensuite, cet Amour peut facilement s'étendre par lui-même aux autres gens autour de soi. Voilà le secret: **s'aimer prodigieusement!**

Ne pas avoir peur d'**aimer** l'**Entité** que nous sommes:

«Aimer, c'est se libérer de la peur.

»Aimer, c'est choisir de vivre dans la paix plutôt que dans le conflit et dans l'affrontement [...] c'est un choix [...][1]»

1. Lacroix Bernard-Paul. *Devenir tout Jonathan*, Hull, Éditions Asticou, 1987.

Ce **Vrai Moi** en nous a quelque chose à nous révéler, il connaît la vérité, la nôtre!

«Tu es conduit
*à travers le temps de **ta vie***
*par **la créature intérieure** qui apprend,*
l'être spirituel alerte
*qui est **ton moi réel!***
Ne t'écarte pas des futurs possibles
***avant d'être certain** que tu n'as rien*
à apprendre d'eux!
*Tu es **toujours libre***
de changer d'idée et de
choisir un futur différent, ou
un différent passé![1] »

S'AIMER SOI-MÊME, c'est permettre à notre **Vrai Moi** de se révéler, d'éclater en nous et de nous compléter.

Voilà l'**AMOUR DE SOI!**

En cette journée du 9 janvier 1979, il est vrai que je pris place pour la femme dans l'aviation canadienne mais surtout et avant tout, ce fut mon moyen de réussir à provoquer l'explosion de ce mur invisible que chacun de nous élevons dès notre enfance entre nous et notre **VRAI MOI!**

«L'homme est l'instrument de sa perfection.
Il porte en lui-même toutes les forces nécessaires,
il ne lui reste qu'à les développer.»

J. Reynaud

Après avoir suivi mes intuitions et essuyé trente-

1. Bach Richard. *Illusions/Le Messie récalcitrant*, Paris, Éditions J'ai lu, 1978.

Ces photos ont été tirées d'un vidéo filmé dans le désert de Chilca, au Pérou en 1988.

De nombreux journalistes venus de partout dans le monde furent témoins de ces OVNIS.

Merci à monsieur Addison Palomino de nous avoir si gentiment prêté ces photos.

L'OVNI plus brillant (à gauche), de par sa trajectoire, se rend du côté droit.

Un OVNI plus brillant passe au-dessus d'un autre OVNI moins éclatant.

Les objets volants non identifiés scintillent maintenant à l'unisson pendant que la foule, rassemblée en ce soir de février 1988 dans le désert de Chilca au Pérou, chante leur contact.

Différentes formes lumineuses lors de contacts.

On présente ici des photos prises lors de la mission de SIXTO PAZ.

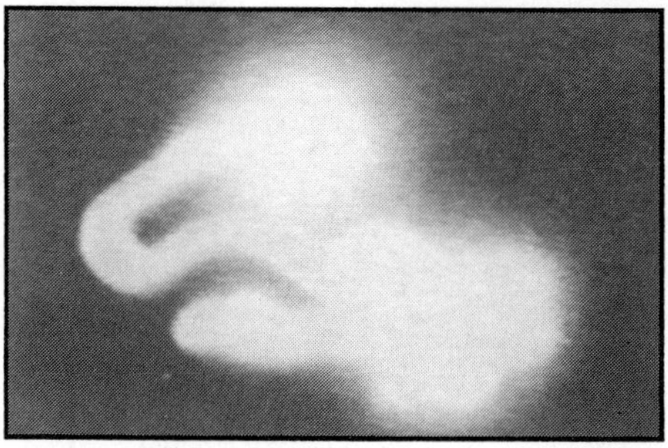

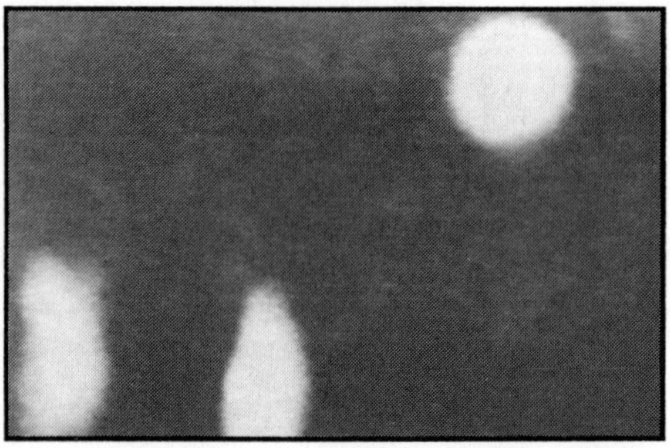

La revue Affa.
On y annonce l'ouverture de la S.R.P.M. à Montréal.

Johann Warren photographiée devant un CF-101 ou Voodoo, premier appareil à réaction sur lequel elle vola.

Avec le capitaine Serge Roy, à bord du simulateur du CF-101 ou Voodoo, à la base de Bagotville, Québec.

Le commandant du CF-101 à bord duquel Johann Warren effectua des vols, le capitaine Jacques Nadeau à sa droite; le capitaine Serge Roy, à sa gauche, qui devait l'escorter partout sur la base militaire et voir à sa préparation avant les vols.

En janvier 1979, Johann Warren vole sur un CF-5 à Bagotville. Le lieutenant-colonel Parent commandait l'appareil. Sur cette photo, préparation avant le vol.

PHOTO: CLAUDE GAGNÉ

Le CF-5 canadien, chasseur militaire des Forces de l'Air Canadiennes, en 1979. Johann Warren et le lieutenant-colonel Parent s'apprêtent à monter à bord de l'appareil qui les amenera à plus de 10 000 mètres d'altitude.

PHOTO: CLAUDE GAGNÉ

PHOTO GRACIEUSEMENT OFFERTE PAR LES *THUNDERBIRDS*

Johann Warren lors de son séjour à la base de Nellis au Névada (États-Unis).

Cette photographie fut prise au retour du vol sur T-38 avec l'équipe militaire acrobatique américaine, les Thunderbirds *(1980).*

PHOTO: ROBERT LACHANCE

À l'aéroport de Saint-Hubert, chez la compagnie A.T.L. où Johann Warren était instructrice de vol en 1985-1986.

deux mois de combats administratifs, à l'instant où je perçai pour la toute première fois de ma vie le mur du son, c'est aussi celui érigé entre mon **Intérieur** et moi qui s'écroula.

Le lendemain, soit le 10 janvier, j'eus le grand bonheur de voler sur CF-5. L'équipe de la base militaire de Bagotville réussit à obtenir, à mon insu, cette permission aussi exceptionnelle que première.

Toutes les personnes rencontrées sur les bases où je suis passée, Bagotville, Québec, Trenton, Nellis (Nevada, USA), Cannes, etc. et avec lesquelles j'ai travaillé en tant que pilote, tout au long de ma carrière, ne s'opposèrent jamais, à part quelques exceptions, à ce que la femme prenne sa place de pilote en aviation militaire.

Bien entendu, ces quelques exceptions auraient pu arriver à m'ébranler si je m'étais laissé faire.Dans quelque domaine que ce soit, l'ennemi numéro un à combattre avant tout n'est nul autre que **soi-même!**

Je m'explique: il ne faut pas vous imaginer que je dormis comme un bébé la veille de ce premier vol sur «jet militaire».

J'aurais pu prendre prétexte des quelques paroles négatives de certains officiers pour mettre fin à cette expérience.

Comprenez ce que je veux dire: trop souvent, lorsque nous arrivons au but, et ce quel que soit l'objectif visé dans la vie quotidienne, une parole d'autrui nous peine ou nous démotive et nous voilà prêt à tout laisser tomber, après des heures d'efforts.

«La foi est la force de la Vie.
Si l'homme vit, c'est qu'il croit en quelque chose.»

Léon Tolstoï

Cependant, nous nous jouons la comédie et nous le savons.

Nous mettons trop souvent sur le dos des autres l'échec de notre vie, ou la non-réalisation de nos rêves. Comme c'est facile de dire que c'est à cause d'eux que nous n'avons pas réussi ceci ou cela dans notre vie!

Nous sommes notre ennemi numéro un!

Cette fameuse nuit, non seulement je n'arrivai pas à fermer l'œil, mais j'en passai une partie à pleurer justement à cause d'une de ces paroles négatives qui m'avait touchée. Aujourd'hui, je sais comment me protéger, mais à l'époque je n'en savais rien.

Je ne vous cache pas que le lendemain matin, je ne me sentais guère en forme et une pression incroyable me pesait sur les épaules: je pouvais échouer ce vol et il en découlerait l'effondrement pour plusieurs années du rêve de toute jeune femme canadienne rêvant de piloter un chasseur.

Je n'avais pas conscience de cela, mais on me le fit sentir la veille de mon premier vol. Par contre, si je réussissais cet exploit, le rêve de ces mêmes jeunes femmes allait devenir réalité.

Si j'avais tout laissé tomber à cet instant, personne ne m'en aurait voulu, car de toute façon seuls quelques amis étaient au courant de ce que je faisais.

J'avais la plus belle excuse en main pour tout **abandonner** à ce moment précis.

Jusque-là dans ma vie, les excuses, je les inventais lorsque quelque chose me déplaisait, et c'est ainsi que je réussissais à me dégager de ce que je n'aimais pas, même s'il s'agissait d'une chose désirée fortement.

Cet instant fut donc un moment décisif dans ma vie. Je décidai de foncer, d'aller de l'avant et ce furent des expériences incomparables. Quelle richesse!

«La vie belle et utile est celle où l'action et la pensée se soutiennent l'une par l'autre.»

Socrate

Au cours des mois qui suivirent, je volai avec les *Thunderbirds*, la patrouille acrobatique militaire américaine à Nellis, au Nevada, ainsi qu'avec les *Snowbirds*, l'équipe acrobatique canadienne militaire si extraordinaire.

Tout au long de mes 1 000 heures de vol, à chaque atterrissage, j'ai toujours eu le cœur triste. Le fait de revenir sur terre, de quitter le ciel où, tel un goéland, je me sentais chez moi, me faisait un petit pincement au cœur.

Chacun des innombrables atterrissages effectués est différent.

Chacun a un quelque chose de spécial: vous vous devez toujours, en tant que pilote, d'être sur le «qui-vive». Même si le soleil resplendit, si le vent est presque nul ou si vous êtes seul dans le circuit de l'aéroport... vous devez toujours être alerte. N'importe quoi peut se produire. C'est cela l'expérience du vol, entre autres.

Souvent, je compare ces atterrissages à autant d'incarnations. Toutes celles qu'une **Entité** veut se permettre afin d'apprendre l'**Amour** pour s'élever vers la **Conscience!** Chacune de ces vies est bien différente mais toujours le but en est le même: devenir **Amour** pour finalement emprunter le chemin de la **Conscience** et ne faire **QU'UN!**

> *«Le monde*
> *est notre cahier d'écolier, sur ses*
> *pages nous faisons nos exercices!*
>
> *Il n'est pas réalité,*
> *quoique tu puisses y exprimer*
> *de la réalité si tu le désires!*
>
> *Tu es également*
> *libre d'écrire des inepties*
> *ou des mensonges, ou de déchirer*
> *les pages!*[1]»

À la suite de ces vols sur chasseurs militaires, je connus une certaine popularité et je fus interviewée par les magazines, à la radio et à la télévision. Cette période dura environ deux à trois ans.

En décembre 1980, je me retrouvai veuve. Déjà, les circonstances de la mort de mon mari étaient nébuleuses: suicide, meurtre ou accident, qu'en savais-je? Je perdis une grande fortune, tous mes biens; bref, je fus ruinée! Je ne réussis même pas à sauver la peau de mon chat *Rougeole* et je me retrouvai bénéficiaire de l'assurance-chômage, à pleurer pendant des mois.

* * *

---

1. Bach Richard. *Illusions/Le Messie récalcitrant*, Paris Éditions J'ai lu, 1978.

Je songeai au suicide au cours de cette période:

«Le signe
de ton ignorance, c'est la profondeur
de ta croyance en l'injustice
et en la tragédie!

Ce que la chenille
appelle la fin du monde,
le Maître l'appelle
un papillon![1]»

Cette épreuve me décida à m'éloigner un certain temps. Je quittai le Québec pour accomplir ce stage de voltige en France dont m'avait parlé le colonel Charollais, quatre années plus tôt.

L'École Internationale de Voltige Aérienne, à Cannes, était pour moi mon dernier exploit personnel en aviation. J'avais atteint les buts que je m'étais fixés dans ce domaine.

Malheureusement, un accident subit lors de ces quatre semaines intensives d'entraînement me ramena à un face-à-face avec moi-même: je devins aveugle et paralysée pendant quelques heures.

C'était le résultat d'un problème d'équilibre causé par un dérèglement de l'oreille interne droite me força à demeurer quatre années au sol, sans voler.

Pour une pilote passionnée comme je l'étais, ce fut l'anéantissement quasi total...

À mon retour de France, tout était déjà changé en moi. Je me suis rabattue instinctivement sur la «**Présence Intérieure**» ressentie si souvent en vol. C'était mon support, mon encrage.

---

1. *Ibid.*

Je développai une certaine forme de prière, de contact avec mon **Être Ultime**.

Cette «**Présence Intérieure**» allait devenir de plus en plus une partie de ma vie. Mais tout cela, je l'ignorais encore.

> *«Tu y parviendras car tout ton Être y aspire, l'important c'est d'aider les tiens à y parvenir aussi, car qui dit Amour dit Union avec les autres*[1].»

C'est à ce moment que je lus le livre *Énergie cosmique* du Dr Joseph Murphy[2]. Il me permit de retrouver cette fameuse force que nous avons tous en nous et avec laquelle, sans le savoir, j'avais réussi à franchir les obstacles menant à la permission de voler sur chasseur militaire.

> *«La peur est en nous. Elle accompagne toute notre existence.*
> *L'homme est un être qui a peur*[3].»

Ce temps de réflexion qui me fut imposé par l'accident m'était nécessaire. Je continuai à souffrir de ne plus pouvoir voler et de devoir vivre chaque jour sur terre.

> *«On ne vit pas d'amour, on vit de peur.*
> *On en veut à sa vie morne et à tout le monde.*
> *On cherche à se tuer à petit feu ou en réalité,*
> *ou à tuer les autres, (physiquement ou moralement)*
> *en les critiquant et les blâmant tout le temps*[4].»

---

1. Mercier Paulette. *Et si c'était vrai!...*, Boucherville, Éditions de Mortagne, 1985.
2. Murphy Joseph. *Énergie cosmique*, Saint-Jean-de-Braye, Éditions Dangles, 1976.
3. Lacroix Bernard-Paul. *Devenir tout Jonathan*, Hull, Éditions Asticou, 1987.
4. *Ibid.*

Mais, peu à peu, un espace intérieur se dessinait en moi où je pus dialoguer avec moi-même et parfois avec «autre chose».

«De tous les menteurs du monde,
les pires sont parfois nos peurs.»

Rudyard Kipling

Je décidai donc de cesser d'être un cadavre ambulant. Je relevai enfin mes manches et je fis face à la musique!

Il devint clair que le problème était en moi et que moi seule pouvait y remédier... **si je le voulais vraiment!**

«Chaque personne,
tous les événements de ta vie,
sont là parce que tu
les as attirés là!

Ce que tu choisis
de faire avec eux
n'appartient qu'à toi![1]»

Trop souvent, sans s'en rendre compte on s'accommode d'une façon d'être, d'une façon de vivre qui devient notre plus belle excuse pour ne plus travailler sur soi et pour se «**prendre en pitié**». Cela devient un réflexe.

Il me restait encore les éclats d'un passé douloureux dans le cœur, mais je sentais que le temps était venu de m'envoler seule avec moi-même.

Je rencontrai Richard à la fin de 1982. Quelque temps plus tard, nous décidâmes de vivre ensemble, puis nous nous mariâmes en 1987.

---

1. Bach Richard. *Illusions/Le Messie récalcitrant,* Paris, Éditions J'ai lu, 1978.

J'écoutais de plus en plus mon cœur et j'eus raison!

J'accordais dorénavant une plus grande importance à mon instinct, à mes émotions et à mes sentiments. Je m'inscrivis à *Écoute ton corps* et je fis dix mois de travail intensif avec Lise Bourbeau[1], et son équipe.

Ce fut formidable, car jamais je n'avais été autant à l'écoute de moi-même. J'y appris que notre corps nous parle mais que nous l'ignorons. Pourtant, il nous avertit de bien des façons qu'il ne peut plus supporter tel stress ou tel chagrin. Ces derniers peuvent se révéler par un signe tel un mal de tête, un mal de ventre. Les maladies telles que le cancer ou autres du même genre éclatent parce que nous ne nous sommes jamais arrêtés, par simple **amour** pour nous-mêmes.

Afin de se connaître davantage il est essentiel d'apprendre à **s'aimer.**

> *«La solution est de choisir l'amour, l'amour de soi,*
> *en apprenant à découvrir ses besoins, ses ambitions,*
> *en se donnant du silence, en se recueillant régulièrement*
> *en faisant le point sur soi-même au moins une ou deux fois par jour*[2]*.»*

Avec ce cours, j'appris à rencontrer mon **Vrai Moi** et ce fut merveilleux!

---

1. Bourbeau Lise. *Écoute ton corps, ton plus grand ami sur la Terre,* Montréal, Éditions E.T.C., 1986.
2. Lacroix Bernard-Paul. *Devenir tout Jonathan,* Hull, Éditions Asticou, 1987.

«Soyez vous-même et non pas "ce" que la société voudrait que vous soyez, cessez de ne vivre que par et pour le regard d'autrui[1].»

Je me suis enfin permise d'aller à la rencontre de cette déchirure, intervenue lors de mon tout premier vol sur chasseur quelques années plus tôt, et de l'ouvrir davantage.

Il y a maintenant une merveilleuse fenêtre en cet endroit de mon cœur qui permet au soleil de l'**Amour** d'y entrer de toutes les façons et de rejoindre alors les différents niveaux de mon **ÊTRE**.

J'appris à méditer avec Lise. Dès la toute première méditation, j'eus la surprise d'être «contactée» par une «Entité».

Au début, je crus à de l'imagination ou à un fantasme quelconque. Mais quelques semaines plus tard, après avoir partagé avec le groupe de méditation, j'appris par différents conseils à respecter cette **Entité**, et je l'acceptai.

Cependant, mon scepticisme naturel jouant, je demandai à cette «Entité», que j'appelle maintenant mon «Guide», des preuves de la réalité de sa présence Les preuves arrivèrent très sérieusement: un bon ami de vingt-neuf ans décéda subitement dans un accident, en novembre 1987.

Il m'apparut quelques heures seulement après avoir trépassé. Il me demanda d'écrire à ses parents ainsi qu'à son épouse pour leur délivrer son dernier message. Je me suis sentie envahie par une grande tristesse et par une certaine peur. Ayant eu confirma-

1. Meurois-Givaudan Anne et Daniel. *Par l'Esprit du Soleil*, Plazac-Rouffignac, Éditions Arista, 1990.

tion de son décès, cela me demanda malgré tout plusieurs mois avant de transmettre le message qu'il m'avait laissé.

> *«[...] ils vivent tout près mais dans une autre dimension. Si tu développais ta vision intérieure, tu les verrais ainsi que ceux qui sont à un degré d'évolution plus avancée, selon ta propre évolution.*
>
> *»Plusieurs Terriens ont vu ces Êtres, quelques-uns reconnaissent avoir vu l'Âme d'un «mort» [...] c'est que la vision intérieure de ces Terriens s'est spontanément ouverte pour leur permettre de percevoir dans une autre dimension une vision fugitive*[1].»

Je finis par écrire aux parents et à l'épouse de cet ami et dès cet instant, il disparut. Je ne le revis qu'à l'automne 1989 ainsi qu'en mars 1990 alors qu'il était venu, en Esprit, assister à un traitement d'énergie que je donnais à une amie.

Ce fut mon tout premier contact avec des personnes décédées ou plutôt avec leur âme. Maintenant le processus est toujours le même: mon Guide vient et m'avertit que quelqu'un veut me voir. Je suis bien sûr toujours libre d'accepter ou de refuser.

Le second «contact» de ce type eut lieu au moment du décès de ma belle-mère: le matin de sa mort, le 29 février 1988, mon beau-père que je n'avais jamais connu de son vivant et vu sur photos seulement, vint me voir vers les 6 h 30, lors de ma méditation.

Ma belle-mère allait dans quelques minutes subir une opération au cerveau. L'état de santé de cette femme lui permettait fort bien de traverser cette

1. Mercier Paulette. *Et si c'était vrai!...*, Boucherville, Éditions de Mortagne, 1985.

épreuve et rien, d'après les médecins, ne pouvait faire que cette opération échoue.

Donc, mon beau-père me dit avec un merveilleux sourire qu'il attendait Ruth (ma belle-mère) ce matin, qu'enfin ils allaient être réunis à nouveau. Je lui demandai clairement: «Vous voulez dire que Ruth va mourir ce matin?»

Il me répondit: «Pour vous, il s'agit de la mort mais il n'y a pas de mort, ne soyez pas inquiets.» Il me quitta avec un sourire radieux.

> *«Sur le sol, une silhouette humaine se dégageait lentement de la forme de brume. Quelques petites étincelles blanches firent à nouveau leur apparition et parurent se figer. Je distinguais maintenant avec précision un visage et des membres humains, puis ce fut au buste et au bassin d'émerger. Un corps humain dans sa totalité et dans la nudité de la naissance, ou de la mort, venait d'apparaître sous mes yeux. Ce n'était pas celui d'un enfant, loin de là. C'était le corps usé et décharné d'une vieille femme. Je regardais ses lèvres qui esquissaient un léger sourire et ses yeux qui avaient peine à s'ouvrir, comme si elle venait de s'éveiller d'un long songe.»*

Quelques lignes plus loin, on peut lire:

> *«Il y avait quelque chose de poignant et d'envoûtant dans le spectacle de cette vieille femme paraissant naître du néant ou de l'infini.*
>
> *»Les êtres qui l'entouraient avaient quitté leur mutisme et se pressaient autour d'elle. Dans une joie contenue et avec mille précautions, ils la relevèrent, la saisissant sous les bras. Je les entendais appeler: "...Anda...nda..."*[1]*.»*

---

1. Meurois-Givaudan Anne et Daniel. *Terre d'Émeraude/témoignages, d'autre-corps,* Plazac-Rouffignac, Éditions Arista, 1983.

Mon Guide, toujours présent lors de mes méditations, et qui avait assisté à cette conversation, me sourit. Je compris ce qui allait se passer. Au même moment, la porte de la maison s'ouvrit et Richard entra. Il revenait de l'hôpital où sa mère devait être opérée. Chirurgien lui-même, il était allé lui exprimer son amour et, de retour à la maison, je ne pus que lui dire: «Tu sais, Richard, ton père est venu me voir ce matin pendant ma méditation.»

Mon mari me dit qu'il en était heureux, mais il semblait plus soucieux qu'autre chose à propos de sa mère.

Il déjeuna et retourna à l'hôpital pour opérer.

Il faut que je souligne que Richard, sceptique face aux phénomènes qui se produisaient lors de mes méditations, a toujours su me respecter et accepter mon travail dans ce domaine. Ceci est magnifiquement révélateur chez lui. Je lui en serai toujours reconnaissante.

Doutant moi-même de ce que j'avais entendu, je n'allai pas plus loin. Je laissai les choses telles qu'elles étaient et j'allai travailler à mon ordinateur.

À 9 h 20, le même matin, je vis sur mon écran mon texte s'effacer et, à sa place, apparaître la salle d'opération où était ma belle-mère.

Je la vis assise et endormie sur la table d'opération. Elle était retenue par des courroies. Je ne savais absolument pas à cet instant que c'était de cette façon que l'on procédait pour les interventions au cerveau.

À cet instant, trois médecins s'affairaient autour de Ruth en coupant les courroies très rapidement. Je vis que quelque chose ne tournait pas rond. Ils l'étendirent sur le dos et commencèrent à lui masser le cœur et à tenter de la réanimer. Je regardai ma montre placée à ma droite sur ma table d'ordinateur. Il était 9 h 22. Je me sentis devenir malade. Couverte de sueurs, j'eus la nausée et j'eus juste le temps de courir à la salle de bain.

Lorsque je revins à mon bureau pour travailler, il était 9 h 25 à ma montre; j'avais la certitude, puisque je n'étais plus malade, que ma belle-mère était décédée. Mais je ne voulais pas le croire!

Vers midi, Richard m'appela à la maison afin de savoir si j'avais eu des nouvelles du chirurgien qui opérait sa mère. Ce dernier devait l'appeler à l'hôpital mais il n'en avait eu aucune nouvelle.

Richard me dit qu'il allait téléphoner à ce médecin immédiatement. Quelque dix minutes plus tard, il entra à la maison et se mit à pleurer.

Il venait d'apprendre que l'opération de sa mère avait mal tourné et qu'il devait aller à l'hôpital afin de la «débrancher» puisqu'elle ne pourrait vivre autrement désormais.

Inutile de vous dire que j'éclatai en sanglots, et je racontai à Richard ce que son père m'avait dit le matin même lors de ma méditation. J'étais toute bouleversée. Je n'en revenais pas.

Les jours qui suivirent furent réservés à l'enterrement de ma belle-mère. Cette dernière m'apparut chaque jour. Elle avait des messages pour chacun de ses dix enfants. Donc c'est avec un papier et un crayon que je l'attendais quotidiennement, je prenais des notes et je remettais aux personnes concernées les messages en question.

Ce ne fut pas nécessairement facile pour mes belles-sœurs et beaux-frères. J'entrais dans certains problèmes personnels dont j'ignorais l'existence. Mais une fois le message livré, je ne me rappelais plus de ce qui était écrit.

Ce fut une expérience formidable, maintenant que je regarde cela avec un certain recul. Bien entendu, lorsqu'on débute dans ce domaine, tout nous semble si mystérieux, si étrange et parfois si effrayant. Mais lorsque tout se fait dans la Lumière, il n'y a pas de danger.

Voilà, beaucoup d'autres preuves plus personnelles me furent livrées.

Je sais maintenant qui est «mon» Guide: une personnalité biblique connue et ce que je sais aussi de façon pratique, c'est que ce qu'il me dit est toujours bon pour moi et se vérifie.

Alors, depuis, **je ne doute plus!**

Chapitre 3

Ma santé étant complètement rétablie, en 1987, je suis retournée voler. Avec fierté, je décrochai mes ailes d'instructrice.

Cependant, je réalisai que je n'avais plus la même étincelle qu'auparavant pour l'enseignement. Après un an dans le domaine de l'aviation, je quittai cet univers comme professeur mais je demeurai pilote. C'est tout à fait différent.

Je réalisai que je n'étais plus la même «Jo»: celle de l'époque où instructrice en aviation, je ne cessais de donner de mon temps afin de plaire à tous et chacun.

Ceci fut une merveilleuse prise de conscience: **mais qu'allais-je faire maintenant?**

Mariée à nouveau, à trente-six ans, je n'allais tout de même pas m'écraser avec toute cette expérience de vie formidable que j'avais acquise à la sueur de mon front. Il me fallait partager mes expériences vécues afin de venir en aide au plus grand nombre de gens possible.

Il y a toujours une porte de sortie. Il ne faut pas avoir peur ou honte de demander une aide extérieure. Les difficultés qui nous entraînent au fond du gouffre sont **formatrices** comme nulles autres si **nous décidons de nous en servir positivement**.

Je recommençai à méditer: cela me faisait faire le point de plus en plus profondément en moi. Un jour de printemps 1988, mon «Guide» qui venait quotidiennement me voir me dit que je devais aller au Pérou.

Sur le coup, j'en ris. La chose était trop énorme, mais plus les jours passaient et plus les directives se précisaient. Il m'avoua même un jour que j'allais revoir là-bas, au Pérou, le «vaisseau» de mes seize ans. Comme toujours dans ces cas-là, je décidai de laisser les événements prendre leur place. Tout se déclencha: je rencontrai Anton Ponce de Léon[1], un Péruvien qui vint donner des conférences à Montréal quelques semaines à peine après cette affirmation de mon «Guide».

Ce monsieur était anthropologue et ovniologue. Tout se concrétisait de plus en plus. Cela m'amena à être invitée au Pérou par un groupe du nom de RAMA auquel, je tiens à préciser, monsieur de Léon n'appartient pas et auquel je n'adhérais pas non plus.

Au cours de ce voyage qui s'écoula du premier au douze août 1988, les quatre cents personnes que nous étions se réunirent dans le désert de Chilca, où nous eûmes la visite des «Grands Frères» (vaisseaux), comme ils les appelaient.

Le samedi soir, le chef du groupe RAMA nous demanda de nous réunir afin de méditer pour prendre contact avec les «Grands Frères».

---

1. Ponce de Léon Paiva Anton. *Sur la foi du patriarche*, Verdun, Éditions Louise Courteau, 1988.

La langue parlée étant l'espagnol, cela me demanda une concentration extrême afin de comprendre ce qui était dit.

Nous méditâmes en groupe. Au moment où j'ouvris les yeux au cours de ce recueillement, j'aperçus à environ 0,8 kilomètre devant moi une lumière rouge clair; à vrai dire, il y en avait plusieurs. Je ne compris pas sur le coup d'où pouvaient provenir ces nombreux petits feux rouges ressemblant aux feux arrières d'une voiture.

Soudainement, l'une de ces boules rouges, beaucoup plus grosse que les autres, attira mon attention.

Je ressentis l'envie de me lever et d'aller vers cette forme lumineuse mais je ne pus m'exécuter. Je ne le devais pas. C'est ainsi que je le perçus. Cependant, j'eus le sentiment de me dédoubler.

Je ne me souvins pas complètement de ce qui s'était passé à ce moment: les seuls points qui me restaient étaient ceux d'un vaisseau, ressemblant effectivement à celui de mes seize ans (console de contrôle, hublots, etc.) à bord duquel je me suis retrouvée avec mon Guide qui m'a présenté d'autres entités.

Je reçus des renseignements au cours de cette rencontre qui dura environ vingt minutes. La mémoire globale ne me revint que quelques mois plus tard lorsque j'entrepris de revivre mentalement ces épisodes.

On me demanda entre autres de faire connaître mon expérience afin de préparer les Québécois et le Canada à les accueillir (les Grands Frères).

D'autres personnes semblent avoir reçu le même message que moi, notamment madame Paulette Mercier, qui a écrit ceci:

«Troisièmement, nous devons préparer les Terriens à notre venue et nous désirons qu'à ce moment tout se passe dans le calme. C'est pourquoi il faut les préparer psychologiquement, il faut que l'idée fasse son chemin, qu'ils apprennent à nous considérer non comme des "dieux" ou des "dictateurs" mais en Frères[1]*.»*

À l'époque, je trouvais cette expérience incroyable, car j'ignorais tout de l'existence du dédoublement et des techniques du même genre.

L'expérience fut éprouvante et je trouvai mon retour du Pérou difficile. Aujourd'hui, lorsque des gens me racontent qu'ils ont vécu quelque chose de semblable, je les comprends avec plus de facilité.

Je ne fis aucune méditation pendant les trois ou quatre semaines qui suivirent. J'étais «saturée». Lorsque je sentis à nouveau le besoin de méditer (fin septembre 1988), mon «Guide» me dit que je devais aller au mont Mégantic, car «quelque chose» m'attendait là-bas. «Il» me donna tous les détails jusqu'aux vêtements que je devais porter.

À ce moment-là, je mis le «frein»: c'était beaucoup trop pour moi. Je voulais savoir où j'en étais et il n'était pas question que j'obéisse à la moindre directive. Je coupai donc tout contact avec mon «Guide» et je fis le bilan des expériences des dernières années.

Même si l'aspect spirituel et la recherche intérieure avaient pris une place importante dans ma vie, je gardais les pieds sur terre et je fis le point.

Jusqu'à maintenant, les expériences vécues avaient été surprenantes et dans l'ensemble positives.

---

1. Mercier Paulette. *Et si c'était vrai!...*, Boucherville, Éditions de Mortagne, 1985.

Le domaine m'intéressait toujours, si bien qu'après mûre réflexion, je décidai de foncer et d'aller jusqu'au bout.

Je pris ma voiture et partis. Je fus surprise de constater que les renseignements qu'«il» m'avait donnés étaient exacts.

Je me rendis chez un couple que j'avais rencontré une seule fois avant mon départ pour le Pérou. La dame, que je nommerai pour la circonstance Gabrielle, était enceinte de neuf mois et je craignais qu'elle accouche d'un moment à l'autre mais mon «Guide» m'avait dit que cet événement serait retardé et il le fut.

Gabrielle, médium, reçut la veille de mon arrivée un message annonçant ce que mon «Guide» m'avait suggéré de faire chez eux.

Nous partîmes, Gabrielle, Michel, son compagnon, leur fille de huit ans et moi pour le mont Mégantic. J'étais un peu anxieuse. Je me trouvais à nouveau plongée dans cet univers de l'Invisible auquel je commençais à peine à me faire.

Par cette grise journée d'octobre, nous avons pris la route. Nous parlions avec sérieux de l'expérience qui approchait lorsque Michel me demanda si l'on m'avait mentionné que je vivrais une initiation sur la montagne. Je répondis que l'on n'avait point utilisé ce terme.

Il me désigna alors un arc-en-ciel qui venait de se dessiner dans ce ciel orageux et le couple m'expliqua que c'était généralement le signe d'une initiation.

Sur la montagne, toute la famille se réfugia dans la cabane de bois qui se dressait sur l'un des plus hauts sommets du mont Mégantic.

Je me plaçai en état de méditation, puis je m'allongeai par terre les bras en croix et me mis en harmonie avec la Terre et le Cosmos suivant à la lettre les indications de mon Guide.

Gabrielle me demanda si mon «Guide» était présent au cours de cette initiation et, si oui, s'«il» se tenait à ma droite. Je répondis par l'affirmative à ses deux questions. Elle me souligna qu'une clarté importante se tenait effectivement à ma droite tout au long de cette rencontre.

Michel m'expliqua que j'avais vécu ce que l'on appelle une «Connection Terre-Ciel», c'est-à-dire que j'avais été branchée à ma mère la Terre et à mon père le Cosmos, suivant leurs termes, par des centaines de «liens énergétiques et éthériques». Cela correspondait assez fidèlement à ce que j'avais vécu, si bien que j'adoptai cette expression «Connection Terre-Ciel».

Par cette initiation, j'étais semble-t-il, devenue un «canal» par lequel une Énergie vitale, une forme d'**Amour** absolu pour la Vie pouvait être véhiculée.

De retour chez ces gens, je leur appris que mon «Guide» avait mentionné qu'au cours de la nuit, des «Frères des Étoiles», suivant ses termes, viendraient compléter l'«initiation» que je venais de vivre.

C'était la deuxième fois que mon «Guide» m'avisait de cette rencontre avec les «Frères des Étoiles». Quelques jours plus tôt, lorsqu'«il» m'avait demandé de me rendre au mont Mégantic, «il» avait ajouté que ces «Frères» allaient venir au cours d'une nuit. Dans un cahier, je consignais avec soin tous les détails des événements qui se produisaient.

Après un très léger repas, nous nous sommes couchés. J'étais installée au sous-sol. Mes compagnons, eux, dormaient au troisième niveau de leur petite maison.

Naturellement, je ne voulais pas m'endormir, car si les «Frères des Étoiles» devaient venir me voir, je voulais les voir de mes propres yeux. Mais la fatigue me gagna et je m'endormis. Vers 2 h, un bruit me réveilla. Il venait de la cuisine située juste au-dessus de l'endroit où je couchais.

J'entendais marcher: je distinguais clairement les pas de deux personnes. Je crus, en premier lieu, que le couple m'hébergeant s'était levé, pour une raison ou une autre.

J'étais toujours allongée sur la chaise longue (que mon «Guide» m'avait indiquée), au sous-sol, lorsque je tournai légèrement la tête en arrière, car «quelqu'un» descendait l'échelle menant vers moi.

C'était un homme que je pris, lors des premières secondes, pour Michel. Une femme le suivait. Je réalisai rapidement que ce n'était point le couple chez qui j'habitais.

Lui portait les cheveux noirs, droits. Ils tombaient sur ses oreilles. Il avait le teint olivâtre des Asiatiques. Elle était blonde, cheveux jusqu'aux épaules et sa peau était très blanche. Chose curieuse: je voyais à travers eux. Ils étaient tels que nous, mais transparents. Je voulus me pincer afin d'être sûre que je ne rêvais pas mais je ne pouvais plus bouger.

Ils étaient de la même Énergie que ceux rencontrés au Pérou en dédoublement. C'était la première fois qu'ils venaient me voir ou du moins que j'en avais conscience.

Je me trouvais allongée sur le dos, la tête légèrement en arrière et un peu tournée sur le côté gauche.

Je ne pouvais ni bouger ni parler, mais mes yeux demeuraient mobiles et libres de regarder où je voulais.

Lui alla vérifier le système de son ou le système électrique situé derrière moi et ensuite ils passèrent calmement tous les deux à ma gauche. Ils s'arrêtèrent au pied de ma chaise. Ils me sourirent. Ils vibraient de Paix, de douceur. Je n'avais pas peur mais j'étais surprise et étonnée.

Lui ouvrit un genre de «table» rectangulaire qu'il installa là où ils étaient. Ils s'enduisirent les mains d'une sorte de crème jaune pâle qui me faisait penser à la crème que nous utilisons pour les mains.

Ils s'approchèrent de moi tout en me regardant. Je ne savais ce qu'ils allaient faire. Leurs yeux réflétaient la douceur, l'**Amour** même. Ils me souriaient. Ils semblaient pacifiques.

Je réalisai que chacun s'occupait d'une partie de mon corps: elle, de mon nombril à la pointe de mes orteils et lui, de mon nombril à la pointe de mes cheveux.

Je me rendis compte à ce moment que mon état de conscience était très proche sinon similaire à celui que j'avais ressenti l'après-midi même, lors de la «Connection Terre-Ciel». Je percevais de la même façon. Je n'étais pas inquiète, car étrangement je leur faisais confiance sans les connaître, et surtout, j'avais confiance en moi et en ma décision d'aller jusqu'au bout. J'étais en harmonie avec mon intention, même si cela peut paraître étrange.

Tous les deux passèrent leurs mains à la surface des centaines de «tubes de verre» (liens énergétiques) qui se dressaient sur tout mon corps et dont j'avais vu la croissance au cours de l'initiation de l'après-midi même.

Quand je dis «tubes de verre», il s'agit d'un terme personnel qui définit bien pour moi les sortes de filaments d'Énergie qui étaient sortis de moi pour se lier au centre de la Terre et au Cosmos lors de la Connection de l'après-midi. Il s'agit probablement de fluctuations énergétiques, mais pour moi, ils ressemblaient à des tubes de verre, car ils sont transparents et de la grosseur de mon petit doigt.

Ils s'étaient enracinés à la terre jusqu'en son centre (telles des racines) afin de me permettre de tirer le maximum d'Énergie tellurique (Mère), et il en fut de même vers le cosmos et certaines planètes afin de me charger de l'Énergie cosmique (Père).

Ces «tubes de verre» s'étaient brisés à environ un centimètre de hauteur lorsque je m'étais relevée après cette fameuse «Connection Terre-Ciel».

C'était la première fois que je vivais une telle chose et il est fort probable que l'initiation m'avait enseigné comment faire sortir de moi ces sortes de racines énergétiques afin d'aller puiser toute cette énergie. Maintenant, avec un état de conscience modifié qui me ramenait à celui vécu plus tôt, je les percevais de nouveau.

L'été suivant, à la lecture des livres de Carlos Castaneda, je trouvai une certaine explication à ces «sortes de racines» qui m'abreuvaient au sol et au cosmos lors de cette fameuse «Connection Terre-Ciel». Je cite:

«En fait, Rosa avait avancé en se suspendant par un seul bras qui se tenait à de longues fibres

rougeâtres verticales, pareilles aux rameaux d'une plante grimpante tombant du toit obscur. De son bras droit, elle tenait également des fibres verticales, qui semblaient lui conférer sa stabilité. Elle se maintenait également aux mêmes fibres avec ses orteils. Vers la fin de sa démonstration, elle était devenue comme une phosphorescence sur le toit. Les lignes de son corps avaient été effacées[1].»

Dans un autre livre de Castaneda, je lis:

«Ce n'était pas un homme, du moins un homme ordinaire. C'était plutôt une boule de feu blanche, recouverte de fibres de lumière [...] Ils ressemblaient à des ballons de foot blancs et irisés, avec des fibres qui avaient leur propre lumière. Les deux êtres lumineux frissonnèrent; je vis vraiment leurs fibres s'agiter et puis, avec un sifflement, ils disparurent[2].»

Toujours dans le même livre:

«Au cours de son dernier saut en hauteur, je pus vraiment distinguer des réseaux de fils, qui émanaient de sa région abdominale, et je sus à quel moment il allait monter ou descendre, d'après la façon dont les fils de son corps bougeaient. Lorsqu'il se disposait à sauter vers le haut, les fils se tendaient aussi vers le haut, comme si on fermait un parapluie; en revanche, lorsqu'il allait sauter jusqu'à terre, les fils se tendaient vers l'extérieur, comme les rayons d'un parapluie qu'on déploie[3].»

---

1. Castaneda Carlos. *Le second anneau du pouvoir.* France, Éditions Témoins/Gallimard, 1979.
2. Castaneda Carlos. *Histoire de pouvoir,* France, Éditions Témoins/Gallimard, 1975.
3. *Ibid.*, p. 215

Toujours de Carlos Castaneda:

«Ce sont des tentacules qui jaillissent du corps de l'homme. Ils sont visibles à tout sorcier qui "voit".

»Les personnes faibles ont des fibres très courtes, presque invisibles. Les personnes fortes ont des fibres longues et brillantes.

»D'après les fibres tu peux savoir si une personne est en bonne santé, malade, méchante, gentille ou perfide. Les fibres t'indiquent aussi si quelqu'un peut "voir"[1].»

Donc ces deux personnages déposèrent cette «crème sur les tubes de verre», lui s'arrêta et sourit, ce qui me fit penser qu'il était satisfait.

Il s'assit sur le bras droit de ma chaise, se croisa les bras sur la poitrine et me regarda directement dans les yeux toujours en souriant. Ils attendaient un instant comme pour voir si tout se déroulait bien. Je n'avais pas peur. Ces gens étaient doux et pacifiques. Au bout de quelques minutes, il regarda la dame et ils se sourirent. Aucune parole ne fut prononcée de leur part au cours de cette visite.

Il se leva, alla vers sa compagne, ils plièrent «la table», me regardèrent une dernière fois et ils quittèrent les lieux par la porte du sous-sol qui me faisait face mais en passant au travers, c'est-à-dire sans l'ouvrir.

Ils étaient partis. Je bougeais enfin. Je me levai d'un coup et me pinçai le bras pour être certaine que ce que je venais de vivre était vrai. Mais j'étais bien là, debout, regardant la porte à travers laquelle ils

---

1. Castaneda Carlos. *Voir/Les enseignements d'un sorcier yaqui*, p, 139, France, Éditions Folio/Essais, 1973.

venaient de passer. La fatigue m'envahit soudainement, la journée et la moitié de cette nuit avaient été dures. Je m'allongeai sur le lit à ma droite et je m'endormis.

Le lendemain matin, je racontai à mes amis ce qui s'était produit au cours de la nuit. Ils trouvèrent cela extraordinaire et me crurent sur parole. Quant à moi, je me sentais comme sous l'effet d'un «choc» et des centaines de questions m'assaillaient.

Le lendemain, je regagnai ma maison où m'attendaient le quotidien, la quiétude et la sécurité. Ma vie se poursuivit normalement.

Chapitre 4

À force de pratique, je maîtrisai de mieux en mieux la technique de la «Connection Terre-Ciel» et ses applications, dont l'une que je considérai comme la plus importante de toutes, quoiqu'impliquant une grande responsabilité et donc une extrême prudence: la guérison.

Une des expériences les plus intéressantes que je réalisai dans ce domaine commença un peu comme ceci:

Au cours de l'hiver 1989, soit trois mois après avoir reçu cette «Connection Terre-Ciel», je me rendais souvent au mont Mégantic qui était un lieu propice pour moi.

Réal, un vétérinaire que je connaissais alors à peine, s'occupait de plusieurs fermes dans la région de Lambton. Il avait obtenu de grands succès auparavant dans tous les traitements qu'il essayait, mais cette fois il faisait face à un problème qu'il ne comprenait pas.

Certaines vaches mouraient apparemment sans raison. Des analyses et des examens pathologiques n'avaient abouti à aucune solution valable. Ainsi, il accepta ma présence quand je lui confiai que je «devais» rencontrer ces bovins que j'appelais spontanément «les filles».

Les propriétaires, deux frères dans la quarantaine, acceptèrent cette proposition. Ils étaient prêts à tout, ils avaient déjà perdu une vingtaine de bêtes. Sous peu, si ce rythme se maintenait, ils se retrouveraient acculés à la faillite.

J'arrivai donc sur les lieux avec Réal. Pendant qu'il était allé chercher les propriétaires, j'entrai dans l'étable.

Effaçant en moi tout sentiment de ridicule, je fixai tout mon **Être** dans une attitude d'**Amour** global que je ne dominais pas totalement à l'époque. La seule chose qui comptait était de communiquer. Je me mis à parler aux vaches:

— «Bonjour les filles! Comment allez-vous aujourd'hui?»

Quelques-unes se retournèrent et me regardèrent quelques secondes, paraissant surprises de ma présence. Je continuai:

— «Écoutez, les filles, je sais que vous avez perdu quelques-unes de vos sœurs. Je suis ici pour vous donner un coup de pouce. Sachez avant tout que je vous aime et que je vous considère comme mes sœurs. Je vous remercie pour tout le lait que vous nous avez donné, que vous nous donnez et que vous nous donnerez encore dans l'avenir.»

Certaines d'entre elles beuglèrent, d'autres me regardèrent de leurs grands yeux doux. Réal revint à cet instant. Il se plaça, à ma demande, en état de méditation et je continuai:

— «Écoutez, les filles: je vais faire venir ici même le Déva (voir Annexe) des vaches ou si vous préférez le petit ange gardien qui s'occupe des vaches sur la planète Terre. Lorsqu'il arrivera, vous le sentirez et je vais vous le dire aussi. Mais en premier, je vais vous faire une "Connection Terre-Ciel".»

Ce que je fis. J'en appelai ensuite au Déva des vaches. Dans le livre *Par l'Esprit du Soleil* des Meurois-Givaudan, dont j'ai pris connaissance un an après cette rencontre avec mon premier Déva, on peut lire ceci:

> *«Certains d'entre vous seront directement contactés par des guides animaux comme le feraient des ambassadeurs. Ceux-ci leur diront:*
>
> *»Redressez sans plus tarder la barre de votre destinée sur la planète Terre, vous y torturez la Vie et vous vous amputez de ce qu'il peut y avoir de plus beau en vous: la simplicité du cœur. Nous vous proposons de collaborer avec nous; c'est une coupe que nous vous tendons, une coupe qui vous avait déjà été offerte mais que vous avez dédaignée, préférant l'assemblage contraint de nos échines et de vos bâts. Cette coupe, c'est celle du pardon. Nous vous pardonnons les millénaires d'asservissement, de coups et de massacres. Nous vous pardonnons la mort lente dans les camps de tôle ondulée et sur les tables glacées des laboratoires.*
>
> *»Nous vous pardonnons tout cela et plus encore parce que vous ne saviez plus [...] parce que vous aviez oublié [...] mais aujourd'hui, parce que les*

Temps ne vous permettent plus de tenir les yeux fermés, nous craignons que vous ne vous pardonniez pas à vous-mêmes! Notre pacte ne repose pas sur l'oubli mais sur la réconciliation. Bientôt, une partie de notre peuple aura disparu et avec elle ce sera un peu de la vitalité de la Terre, de son équilibre, puis du vôtre qui s'épuiseront. La collaboration que nous vous offrons ne peut guère se manifester que par un portail: celui de l'amour. Nous acceptons de continuer à vous accompagner, à vous servir si vous le souhaitez mais il n'y a plus que l'amour réciproque qui puisse faire que notre chair, notre force ne vous empoisonnent pas et que surtout votre âme ne soit pas gagnée par la gangrène. Nous n'avons jamais été les instruments que vous vous êtes plus à imaginer mais des compagnons sur une route dont vous forgiez les embûches à souhait. Voilà pourquoi aujourd'hui nous demandons votre respect [...] car vous-mêmes pourriez bientôt en venir à ne plus vous respecter et à nier jusqu'à l'univers lui-même [...][1]»

«Il faudra que vous acceptiez un tel langage, mes amis, car il est une sagesse animale dont on fait trop peu de cas[2]*.*»

Lorsque je le sentis et ensuite vis arriver le Déva, j'en prévins les «filles»: «Les filles, votre Déva est arrivé. S'il vous plaît, faites un effort, car il va communiquer avec vous pour pouvoir mieux vous aider et me dire ensuite ce qui ne va pas.»

J'en profitai pour leur demander qu'elles nous accordent leur patience, à nous, les humains, les sup-

1. Meurois-Givaudan Anne et Daniel. *Par l'Esprit du Soleil*, Plazac-Rouffignac, Éditions Arista, 1990.

2. *Ibid.*

posés êtres évolués de cette planète. Nous qui n'osons pas encore les considérer comme des frères et sœurs, ni les respecter. Le tout dura environ de trente à quarante-cinq minutes.

J'appris par le Déva que les vaches étaient fatiguées d'être numérotées et d'être attachées avec une chaîne trop courte à leur cou, de n'avoir que peu d'espace pour bouger. Pourtant, les deux proprios étaient parmi les cultivateurs qui traitent leurs animaux avec le plus de respect.

Ces deux messieurs arrivèrent. Ils avaient, je crois, un peu peur de moi. Je les comprends bien. Je tins tout de même à les remercier pour avoir accepté ma demande d'aller parler à leurs vaches.

L'Énergie de guérison communiquée par la «Connection Terre-Ciel» dut faire effet puisque «les filles» ont guéri.

Je dis aux proprios: «Parlez à vos vaches: si elles n'ont pas de nom (établi à l'avance sur un certificat) donnez-leur-en un. Et utilisez-le lorsque vous leur parlez ou lorsque vous passez à côté d'elles. Il faut aussi savoir leur dire **merci** pour tout leur lait, car avec ce lait, on fait du fromage, de la crème, du beurre.

»Grâce à elles, vous effectuez un travail que vous aimez et vous faites vivre votre famille. Dans toutes les traditions et toutes les religions, on remercie Dieu pour la nourriture qu'Il donne, souvenez-vous du *bénédicité*. Qu'avez-vous à perdre à remercier vos vaches?

»Voyez-les respirer l'Énergie dorée; voyez cette Énergie de guérison pénétrer par leurs narines et imaginez que vous la voyez se rendre à leurs poumons contrer le moindre virus d'infection et le détruire immédiatement.

»Voyez-les, matin et soir, pendant quelques minutes respirer de la Lumière dorée et dites-leur que vous les aimez et les appréciez.»

Je leur dis que présentement, si elles avaient eu un virus en elles, il avait été chassé quelques minutes plus tôt.

Ils adhérèrent à cent pour cent à ce genre d'approche et commencèrent, devant moi, à mettre en pratique cette suggestion.

J'ajoutai que s'ils rentraient de nouvelles vaches dans cet endroit, ils devaient parler à «leurs filles» de la venue prochaine de leurs nouvelles sœurs, qu'elles se joindraient à elles sous peu et que tout irait très bien. Les propriétaires devaient préparer non seulement leurs propres vaches de cette façon à la venue de nouvelles «filles» parmi elles, mais aussi préparer les nouvelles venues à la présence de leurs propres vaches.

Les messieurs me posèrent plusieurs questions auxquelles je répondis de mon mieux. Je les quittai, moi heureuse de mon expérience et, eux, un peu rassurés. Je les remerciai de m'avoir permis de vivre un tel événement.

Même si tout ce que je viens de raconter paraît absurde pour plusieurs, ce que je conçois sans peine, le résultat se fit sentir rapidement et à mon sens c'est cela qui demeure véritablement important.

J'appris quelques semaines plus tard que les vaches étaient guéries et que tout allait merveilleusement bien.

Il y a quelque temps, je passais sur les ondes de Radio-Canada, à l'émission *Émergence*, avec l'animateur Laurent Bégin, pour raconter cette expérience. J'eus la joie d'entendre le Dr Réal Faubert confirmer l'événement par téléphone.

Un peu plus tard, je reçus une lettre du Dr Faubert, maintenant devenu un ami, exprimant sa réaction à la suite de la lecture de mon petit livre *Les Ailes de l'Amour*; je vous en cite, avec sa permission, quelques extraits:

«Je vérifiai dans les rapports de laboratoire: des analyses et examens pathologiques n'avaient rien donné. Ma tête de scientifique de médecin vétérinaire trouve ça dur à avaler; c'est comme remettre en cause toute ma logique scientifique, tous mes raisonnements impartiaux qui font qu'un symptôme a une cause déterminable en laboratoire, qui confirme que tel produit va amener la guérison...

Toute notre science humaine n'est qu'outil [...]»

Un peu plus loin dans la même lettre, on retrouve:

«Ce qui s'est passé dans cette étable, c'est le cri de désespoir de toutes nos sœurs, les vaches, qui étouffent dans ce que nous leur faisons vivre: domestication à outrance, exploitation maximale, contrôle parfait.

»[...] ces vaches qui sont mortes par amour pour les autres, et ça j'en suis convaincu, veulent nous dire: «Oh! là! les humains, ça suffit avec votre science, votre rentabilité optimale, respectez-nous!

»[...] Mais mon engagement, le bout qui me donne mal au ventre, c'est le vécu de chaque jour avec ce que je sais maintenant: je ne peux plus n'être que scientifique.»

Et je termine par cet extrait:

«Oui, les vaches ont guéri, appréciées et rassurées. Il n'y a pas d'autres preuves que d'y croire!»

Depuis, je continue donc à pratiquer mes «Connections Terre-Ciel» sur les animaux et cela fonctionne à merveille! Essayez!

De nombreuses expériences se déroulèrent encore. L'une des plus étonnantes est la suivante: un jour que j'étais en voiture, toujours à Mégantic, j'entendis un son étrange. Je m'arrêtai. Quelle ne fut pas ma surprise de constater qu'il s'agissait des arbres qui pleuraient et se plaignaient.

Michel et Gabrielle étaient avec moi afin de se rendre chez une personne qui était d'une négativité incroyable, qui était même une menace publique.

J'entrai en méditation et je me concentrai sur ces arbres. Ils me dirent qu'à proximité, une présence les «polluait» et les empêchait d'être en parfaite santé.

Songeuse, je posai quelques questions à mes compagnons et j'appris avec surprise que la personne négative chez qui nous devions passer habitait dans une maison toute proche du boisé où je m'étais arrêtée.

Je décidai donc de retourner, en esprit, auprès des arbres.

Je leur fis une «Connection Terre-Ciel» pour les revigorer, leur donner de l'Énergie d'**Amour**, de guérison et de Lumière. J'en appelai au Déva des arbres et je les remerciais de m'avoir contactée. C'était extraordinaire!

Mon «Guide» m'avait bel et bien dit que cette connection servait pour tout le monde et n'importe quoi: autant minéral, végétal, animal ou humain mais j'étais surprise des effets de cette pratique que je maîtrisais de mieux en mieux.

J'ai conscience de paraître étrange à beaucoup en racontant de telles expériences mais j'aimerais vous citer un article paru dans le journal *La Presse* que ma mère me communiqua quelques jours plus tard sans qu'elle soit au courant de ma dernière aventure:

> *«La "preuve" que les arbres parlent:*
>
> *»Le très sérieux physicien américain Ed Wagner affirme avoir trouvé la preuve que les arbres parlent entre eux. Selon lui, les arbres communiquent en émettant des signaux qu'il appelle les "ondes W".*
>
> *»Pour démontrer les mécanismes du phénomène, Ed Wagner a eu recours à un matériel électronique sophistiqué reproduisant le "terrible cri d'alarme" d'un arbre venant d'être tronçonné. Un extrait de ses travaux a été publié à l'automne dernier dans la revue scientifique* Northwest Science.
>
> *»Ed Wagner, âgé de 58 ans, possède un doctorat en physique de l'Université du Tennessee et a enseigné cette matière pendant cinq ans à l'Université de polytechnique de Californie. Conscient que ses recherches seraient accueillies avec un certain scepticisme, il reste convaincu qu'elles seront acceptées un jour*[1]*.»*

Cela me combla. Ce que des scientifiques avaient mis des années à établir comme preuve, à savoir que les arbres parlent et souffrent, je venais de le vivre en quelques minutes de ma Vie.

---

1. *La Presse*, le vendredi 10 février 1989.

Tout ce qui est végétal ressent, vibre et souffre. Cette affirmation est aussi prouvée par d'autres chercheurs, dans des revues et des livres dont celui de Robert Ambelain. En voici un extrait:

> *«[...] les diverses caractéristiques*
> *et qualités spécifiques de l'influx nerveux normal*
> *se retrouvent dans le nerf végétal. Ainsi, Bose a*
> *pu provoquer la paralysie expérimentale du nerf*
> *d'une plante, et la guérir en lui administrant*
> *le traitement* ***trouvé efficace pour un***
> ***nerf animal***[1].»

Je crois profondément que si l'on parvient à effacer les barrages établis dans la petite enfance, les «ça ne se fait pas», les «mais non, les arbres ne parlent pas», etc., et qu'on laisse vraiment naître une ouverture, une communion avec la nature et le rythme de notre **Intérieur** alors on peut faire de petites merveilles et vivre des choses incroyables.

* * *

Lorsque je terminai mes voyages à Mégantic, j'étais très fatiguée. Tout l'hiver à voyager pendant presque quatre heures pour me rendre à cet endroit si merveilleux mais dans des conditions difficiles chaque fois, et à passer des nuits blanches à l'extérieur, à -35°C, c'était bien suffisant!

Je me reposai pendant une quinzaine. Au cours d'une nuit, je reçus la visite, chez moi, à Kirkland, des deux mêmes «Frères des Étoiles» rencontrés la première fois à Mégantic.

---

1. Ambelain Robert. *Les traditions celtiques, doctrine initiatique de l'Occident*, Saint-Jean-de-Braye, Éditions Dangles, 1977.

Pendant quelques semaines, tout fut calme. Au bout de trois mois, des souvenirs refaisant surface, je voulus éclaircir quelques phénomènes paranormaux dans ma vie.

On me présenta Alain Marillac avec qui je travaille à élucider les phénomènes paranormaux vécus pendant ma jeunesse. Je voulais savoir si ces phénomènes étaient du monde de l'imaginaire ou non.

Nous avons donc éclairci tous les contacts depuis mon enfance et établi leur véracité. L'aide que m'apporta Alain Marillac fut précieuse et fort appréciée.

* * *

Tout ce passé fait maintenant partie de ma **Force Intérieure** avec laquelle je travaille quotidiennement. Je «lui» découvre des facettes de plus en plus intrigantes et passionnantes.

Je me transforme **intérieurement**. Je change, je me «**centre**» et je comprends de mieux en mieux l'**Entité** que je suis.

J'ai pris la décision de publier ce livre afin que les personnes qui s'intéressent à ces phénomènes, qui ont «vécu certains faits bizarres» et qui se sentent «appelées», qui cherchent à avancer, à éveiller la lumière intérieure qui sommeille en chacune d'elles, sachent qu'elles ne sont pas seules à vivre de telles manifestations!

— Oui, des intelligences existent ailleurs, qu'elles soient humanoïdes ou autres.

— Oui, il y en a de bonnes et de moins bonnes!

— Oui, vous pouvez avoir des réponses par le recueillement quotidien: question de pratique!

— Oui, il existe une **Force**, une **Énergie Centrale** magnifique qui peut être utilisée pour le bien ou pour le mal.

La **Force** est neutre, c'est l'**Être** qui décide de son utilisation!

— Oui, vous pouvez merveilleusement vous transformer en votre **VRAI MOI** et aller au-delà!

Chacun a toute la liberté voulue pour ce choix!

— Oui, vous pouvez savoir qui vous étiez dans d'autres vies et cela peut vous aider dans cette vie-ci!

— Oui, vous pouvez **vous aimer** davantage!

— Oui, **Dieu**, l'**Énergie Cosmique, la Conscience Absolue** vous aime comme vous ne pouvez arriver à **vous aimer** vous-même!

«On ne voit bien qu'avec le cœur:
l'essentiel est invisible pour les yeux![1]»

Si vous êtes prêt à faire le chemin, Il est là devant vous, Il vous attend: psssttt! fermez les yeux, respirez calmement quelques minutes...regardez...Il vous tend la main...suivez-Le donc!

---

1. Saint-Exupéry Antoine de. *Le Petit Prince*, France, Éditions Gallimard, 1946.

Chapitre 5

Depuis près d'un an, je vis une expérience de partage avec d'autres êtres dont la vie est animée par des inspirations et des manifestations semblables.

En ce 16 juillet 1991, journée où j'écris ces quelques lignes, je me sens accomplir ce que je dois: communiquer au plus grand nombre de personnes possible, l'existence du mouvement avec lequel je suis en contact depuis janvier 1990.

Je remercie tous mes Guides, visibles et invisibles, de m'avoir conduite sur le chemin de GALACTÉUS, mouvement de recherche spirituelle et de «Jonction Cosmique» qui répond parfaitement à ce que je cherchais depuis longtemps.

En juin 1990, une impulsion surprenante me fit appeler à Tahiti pour tenter de communiquer avec une personne à laquelle j'avais déjà transmis, en partie, ce qui est écrit dans le présent ouvrage. Cette personne faisait partie du mouvement GALACTÉUS et vivait dans une communauté pilote installée sur une petite île près de Tahiti. Ce fut plus fort que moi: vous savez lorsque vous ressentez la besoin de faire quelque chose, même si vous ne pouvez en expliquer la raison, il y a une force incomparable qui vous aide à diriger tous vos efforts vers cet acte que vous devez poser.

Et là, j'ai téléphoné à Tahiti: sans succès! Après deux jours de vaines tentatives, j'ai appris que mon «contact» avait quitté Tahiti et une partie de la communauté était maintenant installée en France. Donc, j'ai tout de même réussi à obtenir un numéro de téléphone et j'ai appelé ce monsieur en France.

Lui parler était joie: je «sentais» que je visais juste! Quelque chose de très particulier en moi s'éveilla! Il me dit que j'appelais au moment même où, après un an et demi de silence de ma part, il y avait réunion internationale de ce mouvement.

Des représentants de plusieurs pays s'apprêtaient à fêter cette rencontre dans la plus grande simplicité.

Donc j'avais «ressenti» correctement: j'avais bien fait d'écouter cet appel en mon cœur. Et ce fut, en ce mois de juin 1990, un cadeau des plus merveilleux!

Vers la fin de ce même mois, je reçus, une nuit dans ma chambre à coucher, la visite du Bienheureux Maitreya souvent appelé le Rigden-Jyepo, le Régent de Shambala! Quelle belle rencontre! Je sais: cela paraît peut-être bizarre mais vous savez, tout dans cet ouvrage peut être totalement faux ou totalement vrai: tout dépend de la dimension de votre cœur!

Ce Grand Être me transmit, lors de ses deux visites, certains renseignements dont je ne savais que faire à ce moment.

Je laissai écouler le temps sachant que je venais de m'engager sur la bonne route. Emportée par un élan intérieur, je décidai de fonder un groupe de méditation qui s'adressait surtout à ceux qui voulaient apprendre à méditer ou à ceux qui désiraient le faire en groupe.

Le local que j'avais tout dabord loué était devenu trop petit, car, après trois mois seulement, nous étions déjà une quarantaine de participants. J'ai donc loué un local plus grand et la méditation du vendredi a continué de susciter beaucoup d'intérêt.

En octobre 1990, je reçois de GALACTÉUS—FRANCE une cassette de musique et, quelle surprise, lorsque j'y vois la photo de Jean-Paul APPEL-GUÉRY, fondateur du mouvement GALACTÉUS.

Je suis renversée, car cette photo correspond exactement au visage que le Bienheureux Maitraya avait projeté sur le mur de ma chambre. Je savais donc que j'aurais à rencontrer cette personne dont on venait de me révéler l'identité.

***

En janvier 1991, je m'envolais pour la France afin de faire mon premier contact avec GALACTÉUS. J'avais fait part à mon équipe de mon intention de créer à Montréal, à mon retour, un groupe GALACTÉUS. Mais, je devais tout d'abord me rendre en France et y aller de ma propre expérience. Ce fut un voyage inoubliable!

GALACTÉUS est un groupe original qui respecte l'intérieur de tous et chacun et je m'y suis sentie à l'aise dès mon arrivée. J'y ai séjourné pendant deux semaines et, dès mon retour au pays, je créai GALACTÉUS-CANADA. (Loin de moi toute idée politique en le nommant de la sorte: c'est la dimension universelle qui est la plus importante.)

Ce ne fut pas toujours facile mais les efforts en valurent la peine, car nous sommes quinze personnes à suivre les enseignements et à participer aux activités de GALACTÉUS et nous désirons cheminer spirituellement et participer à une croissance personnelle.

Du mois de février au mois de juin 1991, nous avons étudié les enseignements GALACTÉUS et nous avons fait de la méditation avec un groupe de personnes plus nombreux.

Puis, en juin 1991, neuf personnes m'accompagnèrent pour un séjour de deux semaines à GALACTÉUS-FRANCE. Quelle belle expérience ce fut!

Il nous sera possible, à partir de l'automne 1991, de transmettre ces enseignements par les «douze plans» qui servent à développer la paix de l'Esprit en l'être humain et son environnement, la clarification du mental, l'équilibre affectif et relationnel, la santé physique, la réussite matérielle.

Il ne faut négliger aucun plan pour atteindre l'harmonie qui nous amène à l'UNITÉ et au retour conscient vers l'Esprit Créateur.

Chacun des membres de notre groupe est transformé: chez certains, les changements sont plus apparents, chez d'autres ils s'installent peu à peu. Nous serions presque tous prêts à retourner dès demain mais, un peu de sérieux, car nous avons un travail à faire ici: celui de communiquer ce que nous avons récolté là-bas et que nous récoltons depuis.

***

Je voudrais maintenant vous parler de I.J.-P. APPEL-GUÉRY et du mouvement GALACTÉUS. Ce qui suit est tiré de la préface de son nouveau livre intitulé: *Science Unitaire de l'Intra-Univers.*

Les passages qui suivent sont extraits de la préface d'Olivier BRETEAU dans le livre d'I.J.-P. APPEL-GUÉRY, intitulé *Science Unitaire de l'Intra Univers.* Ils sont reproduits ici avec l'aimable autorisation des Éditions Transtar.

«Né à Paris en 1938, I.J.-P. APPEL-GUÉRY est contacté consciemment vers l'âge de douze ans par une présence cosmique qui le guide durant plusieurs années. Il entre ainsi dans un processus initiatique le conduisant vers dix-huit ans à une expérience d'illumination lui donnant accès, par dédoublement éthérique hors du plan physique, à un autre continuum de conscience.

»Sorti de son corps par une force "similaire à celle qui régit les planètes", il traverse des mondes d'une extraordinaire intensité et accède à une dimension de conscience cosmique parfaite, totale et simultanée qu'il a en partie retranscrite dans la bande dessinée *Voyage Intemporel.*

»Il découvre ainsi combien le mental humain est restreint face à cette perception immédiate, totalement libre et illimitée de ce qu'est l'univers. Il accède à un plan de fusion divin si intime qu'il n'aura de cesse de se maintenir dans ce niveau d'existence tout en créant les conditions pour que d'autres puissent y accéder.

»Pour transmettre ce message de transcendance, il s'agit aussi de parler le langage du monde. Ainsi, en acquérant des diplômes universitaires (licence de sciences et licence de psychologie), I.J.-P. APPEL-GUÉRY se forge un outil rationnel, né de la rigueur expérimentale, susceptible d'analyser et de structurer une multiplicité d'informations pour en extraire des synthèses originales.

»L'étude approfondie des sciences traditionnelles l'amène à développer une intuition des trames analogico-symboliques qui sont à la base même de toute approche initiatique. La pratique d'une dizaine d'instruments de musique et de l'improvisation musicale est pour lui un bon entraînement à la transmission télépathique par l'exercice de la rapidité des synthèses cérébrales.

»Ses dons de voyance et de perception extra-sensorielle lui permettent de dialoguer et de voyager dans les mondes subtils. Rationalité, intuition analogique, inspiration, voyance: autant d'étapes pour la continuité d'une démarche qui permet de retranscrire les informations télépathiques d'une conscience interdimensionnelle dans une forme compréhensible pour le mental humain.

»C'est à plus de trente ans que toute cette préparation débouche sur un contact formel et visible avec les dimensions supraterrestres. Lors de la réception d'un message qu'il pensait être purement spirituel, il est annoncé: "Tel jour à telle heure, nous apparaîtrons dans le ciel, venant du sud." Effectivement, au jour et à l'heure dits, une dizaine de personnes accompagnant I.J.-P. APPEL-GUÉRY voient dans le ciel une lumière très brillante se déplaçant à partir du sud, alors qu'ils étaient très occupés à autre chose.

»Ce n'est ainsi qu'au moment de cette apparition qu'ils se souvinrent du rendez-vous annoncé. C'était la première vision d'un phénomène lumineux, annoncé par voie télépathique et vu par plusieurs personnes. Cette expérience a été suivie de beaucoup d'autres manifestations de vaisseaux dans le ciel au cours d'opérations de jonction cosmique.

»La *Science Unitaire de l'Intra-Univers* n'est pas le résultat d'une soudaine révélation mais celui d'un long processus de contact qui s'est précisé au fil du temps: d'abord sous la forme de messages spirituels, puis par la réception de nouveaux langages et de codages numérologiques, suite de nombres et de mots difficilement compréhensibles au premier abord; par la réception de dessins télépathiques rendant compte de schémas interdimensionnels; ensuite, en relation avec ces codages, par des opérations de jonction cosmique durant lesquelles apparaissent dans le ciel des vaisseaux lumineux; puis par la structuration d'un organisme suprapersonnel architecturé selon des lignes de transfert entre le ciel et la terre; et ce, jusqu'à une continuité de plus en plus intime entre la conscience humaine et les autres dimensions pour accéder à cette *Science Unitaire de l'Intra-Univers* transmise dans cet ouvrage.

»Pendant quelques années, il s'agit pour I.J.-P. APPEL-GUÉRY et les amis qui suivent son travail, de se familiariser avec le champ d'une conscience interdimensionnelle très complexe, éloignée de nos conceptions humaines ordinaires.

»Ces informations sont transmises à travers des langages demandant parfois plusieurs stades de traduction avant d'être compréhensibles mentalement. Les codages et les chiffres qui apparaissent dans un langage synthétique sont accompagnés de schémas énergétiques internes, de processus d'évolution, de nombreuses expériences parapsychologiques vécues seul ou avec d'autres pour en évaluer la précision.

»Il s'agit pour l'auteur de vérifier ces informations en les passant au tamis de l'expérimentation. Un grand nombre de preuves concernant l'exactitude de ces informations a été ainsi accumulé: preuves visuelles lors de nombreuses manifestations, preuves dans la réception télépathique des mêmes schémas à des centaines de kilomètres de distance, preuves de prédictions qui se sont déroulées avec une incroyable exactitude, preuves d'une transformation de l'énergie psychique ressentie par toute assemblée, preuves d'une inspiration créatrice qui s'exprime à travers de multiples supports (musique, scénarios, infographie), preuves recueillies dans une continuité de plus de vingt années, à travers une transmission qui comprend à l'heure actuelle près de mille cassettes enregistrées.

»Mais toutes ces preuves ne sont valables que pour ceux qui en ont encore besoin, comme des béquilles, pour avancer sur la voie qui mène du scepticisme à la croyance jusqu'à la certitude. Ceux qui ont franchi les épreuves par lesquelles se paie chaque preuve transportent en eux cette certitude et cette paix intérieure qui, à égale distance du doute et du fanatisme, sont les marques de la connaissance.

»Il y aurait à écrire une histoire détaillée de ce contact et de son évolution, avec des moments d'exaltation et d'intensité inouïes, suivis de périodes de réadaptation à la vie quotidienne. Cette aventure initiatique n'est pas de celles que l'on peut résumer en un paragraphe tant elle intègre d'expériences vécues: phénomènes appelés paranormaux par ceux qui réduisent le normal au concret, vie communautaire opérative, conception d'environnements architecturaux de type cosmique, spectacles multimédias, créations inspirées, installation d'une base de contact dans une île paradisiaque...

»Vingt années de recherche commune ont forgé, au travers de multiples expériences inoubliables, mais aussi au travers des épreuves rencontrées par tous les novateurs, la "culture interdimensionnelle" tout à fait originale et précieuse d'une conscience suprapersonnelle voyageant à travers l'espace, le temps et l'intemporel.

»Vivre sa totalité, ce n'est pas seulement suivre une démarche spiritualisante qui vise à élever la partie supérieure de l'être humain, c'est-à-dire l'esprit, le mental et l'âme spirituelle. C'est aussi, et c'est le plus dur, transformer le psychisme, la vitalité avec ses pulsions instinctives, le corps physique avec son poids gravitationnel, l'environnement matériel comme base de stabilisation.

»Retrouver une subtilité interne demande d'extraire son psychisme des condensations matérielles et inertielles qui l'empêchent de retrouver la fluidité et la transparence nécessaires au contact. C'est en ce sens que l'on doit aborder les pulsions liées au subconscient et explorer l'inconscient pour en faire émerger les parties de nous qui en sont prisonnières ou englouties: processus qui peut s'avérer dangereux ou régressif, s'il n'est pas vécu d'une manière équilibrée dans la perspective d'une mutation supérieure.

»Cette aventure de la conscience a ainsi suivi toutes ces étapes: extraction des racines hors des systèmes d'accrochages gravitationnels, décantation et fluidification de ces racines dans un environnement purifié, élaboration d'un courant de sève brute qui est celui d'une transmutation des énergies basales et descente correspondante d'une sève élaborée sous forme d'informations de plus en plus synthétiques venues des dimensions supérieures. Une transmutation qui permet d'installer progressivement la totalité de son être dans un niveau d'énergie et de conscience qui est celui du contact interdimensionnel. Ce qu'explique I.J.-P. APPEL-GUÉRY: "L'homme peut passer du primitif à l'humain biomagnétique civilisé, puis à l'être cosmique en évolution entre l'espace, le temps et l'intemporel. Il est le siège d'une corrélation énergétique et structurale forte entre la matière dense en transformation et la dimension spirituelle permanente vibrale perceptible par une vision interne de plus en plus subtile et purifiée."»

Un peu plus loin, on peut lire:

«Dans une recherche aussi intense, réclamant beaucoup de concentration et de disponibilité, peu d'énergies, peu de temps et peu de moyens sont réellement consacrés à rendre public ce qui est en train de se maturer dans l'intimité d'un athanor égrégorique. Ce silence, cette concentration, cette absence de publicité pouvant être considérés par certains observateurs extérieures comme des attitudes de repli individualiste sont en fait les conditions indispensables à un véritable travail de reconnexion qui réclame du temps, de la précision et une tension intérieure, loin de l'agitation de la vie publique et de la dispersion médiatique. Que penser d'un chirurgien qui, lors d'une opération réclamant beaucoup d'attention, d'adresse et de rapidité se retournerait vers un observateur profane pour commenter chacun de ses mouvements? Après cette première phase de croissance et d'élévation, voici donc venu le stade de la diffusion de certaines de ces informations.

»Parce que le rythme de la transformation planétaire s'accélère et que cette accélération pourrait s'avérer dangereuse pour des esprits non préparés, partout sur la planète des êtres humains sont sensibilisés par de nombreuses expériences à ces contacts avec d'autres dimensions, et ce, sous les formes les plus diverses: Near Death Experience, channeling, dédoublement astral, perceptions extra-sensorielles, télépathie, etc. C'est dans cette perspective d'éveil à une conscience plus universelle qu'il faut appréhender les différents contacts avec les dimensions extraterrestres et supraterrestres.

À la page 29, au développement intitulé *Intra-Univers,* on peut lire ce qui suit:

«La *Science Unitaire de l'Intra-Univers* représente une suite de plusieurs centaines de transmissions reçus par l'auteur. Elles sont autant de retranscriptions plus proches et plus compréhensibles d'autres dimensions dans le plan mortel de notre incarnation. Comme le dit l'auteur:

»"En fait, ces transmissions sont l'extérieur d'une vérité interne télépathique. Ce qui doit être formulé en termes humains est ceci mais ceux qui liront cet ouvrage ne comprendront pas vraiment ce qui est formulé. Ils comprendront une certaine forme. La vérité est que ce qui a été formulé est l'extérieur d'une autre vérité. Ce qui a été formulé n'est que l'accompagnement d'une autre transmission purement interne et télépathique. Ne vous méprenez pas sur ces formulations: elle sont faites effectivement parce qu'elles sont la vérité, mais elles n'ont de sens que pour ceux qui ont atteint intérieurement ce qui est transmis."»

Le programme de jonction cosmique lui-même se définit comme suit:

«Polarisé entre une puissance tellurique, liée à la terre, et une dimension spirituelle qui le relie au ciel, l'être humain participe à une jonction cosmique où il peut s'affirmer en tant que créature entre le créateur et la création. Cette échelle évolutive permet de hiérarchiser les différents niveaux qui relient l'esprit et la matière en créant les conditions physiques, psychiques, mentales et spirituelles les plus favorables pour vivre la dimension galactique de l'être humain.

»L'opérativité d'un programme initiatique est sa capacité à transmuer la totalité de la personnalité dans un continuum supérieur de conscience-énergie. Chaque plan du programme de jonction cosmique concerne un processus de mutation sur une partie constitutive de la totalité humaine en évolution.

L'**harmonie** et l'**équilibre** de l'être humain sont les conditions indispensables de cette opérativité et s'y inscrivent de la façon suivante:

«Si l'on sait saisir les chances de la vie qui se présentent à un moment carrefour, de nouvelles rencontres et des horizons enrichissants s'offrent à nous pour faciliter notre évolution. Mais si on ne réagit pas à ces instants de chance, on se trouve enfermé tout au long de la vie dans un cycle monotone.

»Bien souvent les individus sont orientés vers un seul type d'existence standardisé qui, non seulement ne les conduit pas au bonheur mais nuit à la réalisation de leur totalité interdimensionnelle. Une telle démarche restrictive et antinaturelle est vouée à la remise en question. Ceci par le ferment de récréation et de l'éveil permanent qui jaillit en chaque individu arrivant sur cette planète. Cela durera tant que ce qui sera proposé par les puissances en place ne correspondra pas à ce que doivent être les conditions réelles de la réalisation d'une créature humaine dans l'économie fonctionnelle de l'univers.

»[...] Le cheminement proposé par l'auteur à la suite de son expérience de contact n'est pas théorique. Il doit réaliser en l'être les conditions d'un équilibre qui mène au bonheur.

»La réussite est avant tout une appréciation interne, sans cesse en évolution. La démarche préconisée par l'auteur permet de retrouver tous les facteurs qui participent au bonheur d'une réalisation totale. Pour ceci, il faut harmoniser sa vie terrienne et toutes ses responsabilités à une situation de branchement quotidien avec d'autres dimensions de conscience.

»Il est grand temps d'éveiller l'humanité à une nouvelle prise de conscience, par un type d'éducation aidant l'être humain à retrouver le sens de sa véritable responsabilité cosmique. Ainsi, il cessera de faire obstacle par ignorance à l'évolution de la planète.

»Il est nécessaire de pallier l'excès de puissance à la disposition des humains par rapport à leur niveau de conscience en recherchant, entre autres par la psycho-psychologie, l'épanouissement maximum des potentialités de perception et de compréhension de chaque individu. Un être ne se développe totalement que dans un environnement où les échanges affectifs et sociaux sont nombreux et adaptés à sa nature et à sa sensibilité. Si plusieurs personnes sensibilisées à un type de perceptions affinées se regroupent, il se crée un espace de contact avec d'autres niveaux de conscience qui sont plus télépathiques que dialectiques.

»C'est pourquoi il est bon que chacun sorte de son isolat psycho-mental. D'une société de consommation fondée sur le profit, nous passons à une société de communication fondée sur l'information et l'échange pour préparer une société de communion tenant compte de la sensibilité et des résonances entres les essences paticulières.»

J'ai rencontré, personnellement, I.J.-P. APPELGUÉRY et son équipe. Tout ce monde fait un travail exceptionnel avec une conscience encore plus exceptionnelle. À deux reprises, j'ai pu les voir travailler: leur engagement est total, et ce depuis vingt années.

S'il y avait plus de gens engagés de cette façon, nous pourrions améliorer considérablement la situation de notre planète, la Terre. Mais par cette humble publication qu'est mon ouvrage, je souhaite toucher des gens qui se sentent concernés par cette tâche.

Je voudrais pour finir, citer un dernier passage de cette préface de la *Science Unitaire de l'Intra-Univers* (vol. 1, p. 25 et 26) qui situe l'état énergétique de la planète.

«Sur la terre, l'explosion de bombes atomiques a considérablement modifié l'équilibre-matière. La désintégration atomique artificielle a provoqué une transformation de la matière en énergie beaucoup plus rapide que les rythmes de désintégration atomique naturelle. Par ce fait, il existe une accélération anormale du rythme évolutif de la planète. Le système de contention matérielle qu'est la croûte terrestre par rapport au magma énergétique stellaire du centre de la Terre se trouve affaibli. L'ensemble de la planète, y compris les créatures qui y vivent, subit une accélération de son évolution par un passage plus rapide d'un certain niveau de condensation à un niveau plus énergétique.

»La "télédiffusion universelle" désigne le plan de communication télépathique unifiant intérieurement le plan du créateur à ceux de la créature et de la création. Suite à une chute de certaines hiérarchies cosmiques surveillant l'évolution des êtres humains, ceux-ci se sont déconnectés du réseau de télédiffusion universelle. On retrouve dans tous les textes traditionnels le récit de cette chute suivie d'une déconnexion qui s'apparente dans la tradition chrétienne à la chute de Lucifer et à la sortie d'Adam et Eve hors du paradis.

»Certains êtres éveillés disposent de facultés leur permettant de franchir cette frontière de déconnexion qui coiffe l'humanité. La rédemption, le passage du mortel à l'immortel, c'est l'entrée progressive dans ce type de conscience du fonctionnement interne de l'univers.»

Pourquoi ne pas profiter de cette accélération de l'évolution de notre planète, d'un niveau de condensation à un niveau plus énergétique, causée par notre mauvaise utilisation de l'énergie nucléaire et notre manque de «conscience», pour grandir en Énergie et reconnecter la Terre à l'**Intra-Univers**, à la **Source-Centre** ou à **Dieu**, si vous préférez!

En ce qui me concerne, je me suis engagée à fond à cette reconnexion de la planète Terre à l'Intra-Univers. J'appuie I.J.-P. APPEL-GUÉRY dans sa démarche qui est devenue une démarche planétaire internationale et c'est la raison pour laquelle j'ai mis sur pied GALACTÉUS-CANADA. Il y a maintenant autour de moi des personnes qui s'engagent au maximum de leurs possibilités respectives et ensemble nous sommes de plus en plus conscientes dans notre quotidien de ce qui nous touche matériellement, énergétiquement et spirituellement.

S'il y a, dans les écrits de I.J.-P. APPEL-GUÉRY, des termes ou des mots qui vous laissent perplexes, ne vous inquiétez pas, car tout se clarifie avec la part de la Lumière, de l'Amour et de la Conscience.

ANNEXE A

Dédoublement

Dans le livre *La projection du corps astral*, j'ai trouvé cette définition qui explique bien le **dédoublement**:

> *«Le corps astral peut être défini comme le "double", la contrepartie "éthérée" du corps physique auquel il ressemble et avec lequel généralement il coïncide. On le croit composé d'une espèce de matière semi-fluidique ou subtile, invisible à l'œil humain.*
>
> *»Par le passé, on l'a appelé tout à la fois corps éthéré, corps mental, [...] double.*
>
> *»La théorie générale est que l'être humain a un "corps astral" tout comme il a un cœur, un cerveau et un foie. En fait, le "corps astral" est bien davantage l'homme réel que ne l'est le corps physique.*
>
> *»Il ne faut pas non plus confondre le "corps astral" avec l'"âme" — c'est une erreur que l'on commet trop souvent — il est plutôt le "véhicule"*

de l'âme, comme le corps physique est un "véhicule" du corps astral et constitue un des liens essentiels entre l'esprit et la matière[1].»

Voici d'autres détails sur le dédoublement donné par Anne et Daniel Meurois-Givaudan, dans leur livre *Terre d'Émeraude*:

«Comme tous les soirs vers 22 h, je m'étais mis au lit; une faible lumière éclairait encore la petite pièce où j'avais élu domicile pour une année. Des pensées désordonnées et sans grande importance occupaient mon attention tandis qu'une légère torpeur commençait à m'envahir.

»C'est alors que, soudain, tout a basculé. Je me suis senti projeté hors de moi-même, plaqué contre le plafond de ma chambre! Un froid intense m'avait aussitôt saisi, un froid qui venait du ***dedans****.*

»Simultanément, j'eus la sensation de me redresser, de me retourner, je ne sais plus au juste, et je me suis vu.

»Je me suis vu, ***réellement vu****, du dehors, en chair et en os comme on voit quiconque n'est pas soi-même, un ami, un étranger.*

»Mes yeux étaient là, au plafond, vers le haut de la petite armoire où je rangeais mes livres; ils étaient là et contemplaient mon corps qui gisait deux mètres plus bas, inerte, comme une enveloppe vide.

---

1. Muldoon S. et Carrington H. *La projection du corps astral*, Montréal, Éditions Presses de la Cité, 1980.

»Mes yeux et ma conscience! Car, pas de doute, c'était bien moi aussi qui pensais et me comtemplais.

»J'étais "deux", simplement et extraordinairement "deux".

»J'étais un corps flottant de-ci de-là, un corps nu, un corps étrangement blanc, étrangement lumineux, bouillonnant d'une vie mystérieuse[1].»

Dans le même ouvrage, on retrouve ce qui suit:

«Je sais que tu te demandes par quel moyen tu as pu parvenir jusqu'ici. Tout simplement par les lois mêmes que je viens de t'exposer: tu as modifié momentanément la structure vibratoire d'une certaine partie de ton corps. Ta volonté consciente n'y a bien sûr aujourd'hui été pour rien; c'est la mienne qui a agi à sa place en te forçant à t'introduire dans cet univers. C'est une petite violence que, je crois, tu me pardonneras facilement[2].»

Également:

«Lors de ton prochain dédoublement, tandis que tu flotteras encore au-dessus de ton corps, tu remarqueras qu'une sorte de cordon ombilical relie ton être astral à ton être physique. Ce cordon s'offrira à ta vue sous la forme d'une mince bande argentée, vibrant comme un ruban tendu. Voilà ce que depuis toujours les initiés nomment la Corde d'Argent. Elle est le lien indéfiniment extensible qui pendant la vie terrestre maintient en permanence le contact entre le corps de lumière et le corps de matière dense. Seule la mort physique,

---

1. Meurois-Givaudan, Anne et Daniel. *Terre d'émeraude*, Plazac-Rouffignac, Éditions Arista, 1983.
2. *Ibid.*, p. 30

accidentelle, causée par la maladie ou la vieillesse parvient à la rompre. Sache que l'instant de la rupture est pour tout être, sans distinction aucune, celui de la libération de l'âme, de l'Énergie animatrice[1].»

1. *Ibid.*, p. 40

ANNEXE B

Déva

J'utilisai ce terme, car la définition qu'en donnent Anne et Daniel Meurois-Givaudan correspond parfaitement à ce que je vois et ressens lorsque je suis en communication avec ces **Dévas**:

> *«As-tu jamais entendu parler des* ***Dévas****? C'est un terme d'origine sanskrite qui signifie à peu près:* ***Êtres de Lumière.***
>
> *»Les Dévas sont les Êtres de Lumière qui ont en charge ce que nous pouvons appeler schématiquement les* ***Forces de la Nature****. La Nature c'est, pour l'homme, aussi bien les Éléments que les trois Règnes qui cohabitent avec lui, c'est-à-dire: le minéral, le végétal et l'animal*[1]*.»*

Et quelques pages plus loin, je lisais ceci:

> *«Pourquoi les limiter d'ailleurs à une simple apparence physique, alors que leur* ***corps*** *réel est Énergie et Prévoyance? Il est des milliers de Dévas*

---

1. Meurois-Givaudan Anne et Daniel. *Terre d'Émeraude*, Plazac-Rouffignac, Éditions Arista, 1983.

de par l'univers; chacun d'eux est la force, la volonté et le savoir d'une variété d'êtres n'étant pas encore parvenus à une individualisation parfaite. Un Déva est une grande âme globale qui résume à elle seule toutes les âmes diversifiées qui naîtront de la catégorie de créatures auxquelles elle prodigue ses soins. Le Déva est l'âme d'un groupe, la source du savoir que les hommes nomment ***instinctif*** *parce qu'ils ne l'appréhendent pas et parce que quelques mots ont l'art de faire croire qu'ils expliquent tout.*

»Si tu avais la capacité de voir les Dévas, à l'aide de tes yeux d'homme, tu les trouverais peut-être d'une indicible laideur. Ils sont pourtant d'une grande et puissante beauté. Certains animaux, certaines plantes, certains minéraux le savent, car il en est d'eux, comme des humains. Il en est qui sont doués d'une clairvoyance plus avancée que d'autres et qui guident leur ***race****, servant parfois d'intermédiaires entre elle et les Dévas.*

»As-tu jamais vu ces bandes d'oiseaux migrateurs qui suivent leur chef dans un même élan? Elles savent que bien souvent ce chef communique avec la grande âme qui les fait vivre. Tous les règnes de la Nature ont leurs ***prêtres*** *et leurs* ***initiés****. Ainsi, le Déva de l'or est l'initiateur suprême de tous les minéraux terrestres, le ferment de la* ***race***[1]*.»*

Voici une autre définition très intéressante des Dévas donnée par Dorothy Maclean et qui rejoint la première:

«[...] des essences créatives au sein des phénomènes naturels et, par contraste, aussi sur

1. *Ibid.*

notre essence créative ou spirituelle. Ce livre (La voix des anges) *traite de l'unité, de la parenté créative entre ces essences et nous-mêmes, unité qui est oubliée par l'humanité occidentale.*

»[...] ces essences créatives ou principes créatifs vivants de la nature [...] les dévas.

»Ce sont les anges qui gouvernent l'ordre naturel, travaillant joyeusement, habilement et sagement avec la lumière de Dieu.

»[...] l'humanité aussi est un Déva, un être de lumière créateur.

»Ces deux espèces, l'une physique et l'autre existant dans une dimension invisible, de pure pensée et énergie, créent les formes du monde dans lequel l'esprit peut se révéler.

»Souvent, ces forces formatrices ou seigneurs invisibles de la nature sont présentés comme des entités terribles, nimbés de gloire et de majesté — la matière des contes de fées. Quelquefois on les dit simplement beaux. D'autres fois, ils sont présentés comme des êtres ou des forces à contrôler et à manipuler magiquement.

»[...] en fait, ils cherchent à se fondre avec l'humanité, reconnaissant les domaines dans lesquels nous sommes plus habiles, plus sages, plus puissants qu'eux. Ils sont terribles, mais approchables. Ils sont des co-créateurs [...]

»Ils n'ont jamais quitté "la maison du Père" ni perdu la connaissance intérieure de Dieu; ce qu'ils offrent, c'est une vision revitalisée de la divinité.

»D'autres cultures plus anciennes que la nôtre connaissent ces êtres et sont souvent en rapport

avec eux, les cultures indigènes d'Amérique en étant un bon exemple.

»[...] nous pouvons rencontrer les dévas comme frères, comme partenaires, comme co-créateurs égaux et apprendre les uns des autres.

»Pourtant, dans mes contacts télépathiques avec les êtres angéliques qui illuminent et dirigent la croissance des plantes [...]

»Apprendre à parler avec les anges, c'est réellement apprendre à parler avec nous-mêmes et les uns avec les autres, de manière nouvelle et considérablement plus profonde. C'est apprendre à communiquer avec notre univers de façon plus ouverte, à être mieux accordés à notre rôle de co-créateurs et à participer à son évolution.

»Communiquer avec les anges (dévas) *requiert une approche globale de sa vie, des autres et de nous-même*[1]*.»*

On constate qu'à travers les âges, il y a toujours des «nains», des «petites fées» qui veillaient sur la nature et les êtres humains comme les **dévas.**

Dans le livre ***Les mythologies à travers le monde*** de Jean Cazeneuve, ce dernier précise:

«Outre les dieux, la mythologie germanique met en scène divers êtres surnaturels.

»Il y avait toute une série d'esprits qui hantaient le monde des vivants:

*»Les **nains** habitaient sous la terre; ils devaient éviter de se montrer au grand jour sous peine d'être changés en pierres. Tout petits, ils étaient*

1. Maclean Dorothy. *La voix des anges*, Barret le Bas, Éditions Le Souffle d'Or, 1980.

généralement représentés comme des vieillards barbus et difforme[1]*.»*

Et un peu plus loin, on peut lire:

«Ils étaient industrieux, habiles à fabriquer toutes sortes d'objets, et capables de rendre de grands services aux hommes et aux dieux.

»Enfin, on trouve dans le monde mythique des Germains une grande variété de démons et d'esprits des eaux, des montagnes, des bois, des astres. Parmi les esprits de la nature, les ***elfes*** *formaient un groupe particulier qui avait son roi (Albérich ou Obéron) représenté lui-même comme un nain.*

»[...] et les ***fylgia*** *(espèces d'anges gardiens).*

»Dans les légendes scandinaves apparaissent de nombreuses divinités associées aux Ases.

*»***Ull***, dieu de l'hiver, était fils de Sif et beau-fils de Thor. C'est lui, nous l'avons vu, qui, selon certaines légendes, remplaça Odin pendant son exil.*

*»***Les dieux Vanes** *étaient, comme nous l'avons dit, des divinités de la végétation et de la fécondité. Les principaux étaient Njord, son fils Freyr et sa fille Freyja*[2]*.»*

Dans le livre *Visa pour la Magonie*, Jacques Vallée écrit ceci:

«Dans la dernière partie du XVIIième siècle, un savant écossais rassembla tous les récits qu'il pou-

---

1. Jean Cazeneuve. *Les mythologies à travers le monde*, Paris, Éditions Hachette, 1966.
2. Cazeneuve Jean. *Les mythologies à travers le monde*, Paris, Éditions Hachette, 1966.

vait trouver au sujet de ***Sleagh Maith*** *et, en 1691, écrivit un manuscrit portant ce titre:* **L'Organisation secrète des elfes, faunes et fées.**

*«Il est impossible de citer le texte entier du traité de Kirk sur l'****Organisation secrète,*** *mais nous pouvons faire un résumé de ses trouvailles sur les elfes et autres créatures aériennes, de la manière suivante:*

»1. Elles ont une nature qui est intermédiaire entre celle de l'homme et celle des anges.

»2. Physiquement, elles ont des corps légers et "fluides" qui sont comparables à un nuage épais. Elles sont principalement visibles la nuit. Elles peuvent apparaître et disparaître à volonté.

»3. Intellectuellement, elles sont intelligentes et curieuses.

»4. Quand les hommes n'habitaient pas la grande partie du monde, elles y vivaient et avaient leur propre agriculture.

»Leur civilisation a laissé des traces sur de hautes montagnes, elle fut florissante à ce moment-là, quand tout la campagne n'était que bois et forêts[1]*.»*

---

1. Vallée Jacques. *Visa pour la Magorie*, France, Éditions Robert Laffont, 1978.

BIBLIOGRAPHIE

Ambelain, Robert. *Les traditions celtiques, doctrine initiatique de l'Occident*, Saint-Jean-de-Braye, Éditions Dangles, 1977.

Auriol, Jacqueline. *Vivre et Voler*, Paris, Éditions Flammarion, 1968.

Bach, Richard. *Illusions/Le Messie récalcitrant*, Paris, Éditions J'ai Lu, 1978, (traduction française).

Bamy, Maddly. *Tu leur diras*, Seyssinet-Paris, Éditions du Grésivaudan, 1982.

Bourbeau, Lise. *Écoute ton corps, ton plus grand ami sur la Terre*, Montréal, Éditions «E.T.C...», 1986.

Castaneda, Carlos. *Le second anneau du pouvoir*, France, Éditions Témoins/Gallimard, 1979, (traduction française).

Castaneda, Carlos. *Histoires de pouvoir*, France, Éditions Témoins/Gallimard, 1975, (traduction française).

Castaneda, Carlos. *Voir/Les enseignements d'un sorcier yaqui*, France, Éditions Folio/Essais, 1973, (traduction française).

Cazeneuve, Jean. *Les mythologies à travers le monde*, Paris, Éditions Hachette, 1966.

Guéry Appel/Macedo, Sergio. *Voyage Intemporel*, Paris, Éditions Aedena, 1987.

APPEL-GUÉRY, I. J.-P. *Science Unitaire de l'Intra-Univers*, Éditions Transtar, 1991.

Guieu, Jimmy. *Les soucoupes volantes viennent d'un autre monde*, Paris, Éditions Omnium Littéraire, 1972.

Lacroix, Bernard-Paul, m.d. *Devenir tout Jonathan*, Hull, Éditions Asticou, 1987.

Maclean, Dorothy. *La voix des anges*, Barret le Bas, Éditions Le Souffle d'Or, 1980.

Mercier, Paulette. *Et si c'était vrai!...*, Boucherville, Éditions de Mortagne, 1985.

Meurois-Givaudan, Anne et Daniel: *Terre d'Émeraude/témoignages d'outre-corps*, Plazac-Rouffignac, Éditions Arista, 1983.

Meurois-Givaudan, Anne et Daniel: *Par l'Esprit du Soleil*, Plazac-Rouffignac, Éditions Arista, 1990.

Muldoon S. et Carrington H. *La projection du corps astral*, Montréal, Éditions Presses de la Cité, 1980, (traduction française).

Murphy, Joseph Dr., *Énergie Cosmique*, Saint-Jean-de-Braye, Éditions Dangles, 1976, (traduction française).

Ponce de Léon Paiva, Anton. *Sur la foi du patriarche*, Verdun, Éditions Louise Courteau, 1988, (traduction française).

Saint-Exupéry, Antoine de. *Le Petit Prince*, France, Éditions Gallimard, 1946.

Vallée, Jacques. *Visa pour la Magonie*, France, Éditions Robert Laffont, 1978.

La Presse, *La «preuve» que les arbres parlent*, le vendredi 10 février 1989.

Achevé d'imprimer
en décembre 1991 sur les presses
des Ateliers Graphiques Marc Veilleux Inc.
Cap-Saint-Ignace, Qué.